PRODUÇÃO DE TEXTO

TATIANE BRUGNEROTTO CONSELVAN
Professora graduada em Letras pela Universidade Estadual de Londrina (UEL-PR).
Pós-graduada em Literatura Brasileira pela Universidade Estadual de Londrina (UEL-PR).
Pós-graduada em Língua Portuguesa pela Universidade Estadual de Londrina (UEL-PR).
Atuou como professora das redes pública e particular de ensino.

ROSEMEIRE APARECIDA ALVES
Professora graduada em Letras pela Universidade Estadual de Londrina (UEL-PR).
Pós-graduada em Língua Portuguesa pela Universidade Estadual de Londrina (UEL-PR).
Atuou como professora das redes pública e particular de ensino.

COLABORADORES

Eliane Vitorino de Moura Oliveira: Doutora em Estudos da Linguagem pela Universidade Estadual de Londrina (UEL-PR). Professora do Curso de Letras da Universidade Federal de Alagoas (UFAL).

Lolyane Cristina Guerreiro de Oliveira: Doutora em Estudos da Linguagem pela Universidade Estadual de Londrina (UEL-PR). Professora de Produção de texto da rede particular de ensino.

Luiza Esmeralda Faustinoni: Mestre em Linguística Aplicada ao Ensino de Línguas pela PUC-SP, professora e editora de livros didáticos de Ensino Fundamental e Médio.

6º ANO

FTD

Copyright © Tatiane Brugnerotto, Rosemeire Aparecida Alves, 2017

Diretor editorial	Lauri Cericato
Gerente editorial	Silvana Rossi Julio
Editora	Natalia Taccetti
Gerente de produção editorial	Mariana Milani
Coordenador de produção editorial	Marcelo Henrique Ferreira Fontes
Gerente de arte	Ricardo Borges
Coordenadora de arte	Daniela Máximo
Supervisora de iconografia e licenciamento de textos	Elaine Bueno
Diretor de operações e produção gráfica	Reginaldo Soares Damasceno
Projeto e produção editorial	Scriba Soluções Editoriais
Editora executiva	Roberta Caparelli
Edição	Mariana Diamante e Denise Andrade
Assistência editorial	Isabela Biz e Kelly Komatsu
Redação	Raquel Lais Vitoriano
Leitura crítica	Luiza Faustinoni, Eliane Oliveira e Lolyane Guerreiro
Revisão	Ana Lúcia Pereira e Fernanda Umile
Preparação de texto	Gislaine Maria da Silva
Coordenação de produção	Daiana Melo
Projeto gráfico	Marcela Pialarissi
Capa	Juliana Carvalho
Edição de ilustrações	Ana Elisa Carneiro
Diagramação	Luiz Roberto Correa (Beto)
Tratamento de imagens	José Vitor Elorza Costa e Luigi Cavalcante
Autorização de recursos	Erick Almeida
Pesquisa iconográfica	André S. Rodrigues
Editoração eletrônica	Renan Fonseca

Dados Internacionais de Catalogação na Publicação (CIP)
(Câmara Brasileira do Livro, SP, Brasil)

Alves, Rosemeire Aparecida
Produção de texto : ensino fundamental 6º ano / Rosemeire Aparecida Alves, Tatiane Brugnerotto Conselvan. -- 1. ed. -- São Paulo : FTD, 2017.

ISBN: 978-85-96-01163-1 (aluno)
ISBN: 978-85-96-01164-8 (professor)

1. Português (Ensino fundamental) I. Conselvan, Tatiane Brugnerotto. II. Título.

17-06617   CDD-372.6

Índices para catálogo sistemático:
1. Português : Ensino fundamental 372.6

1 2 3 4 5 6 7 8 9

Envidamos nossos melhores esforços para localizar e indicar adequadamente os créditos dos textos e imagens presentes nesta obra didática. No entanto, colocamo-nos à disposição para avaliação de eventuais irregularidades ou omissões de crédito e consequente correção nas próximas edições. As imagens e os textos constantes nesta obra que, eventualmente, reproduzam algum tipo de material de publicidade ou propaganda, ou a ele façam alusão, são aplicados para fins didáticos e não representam recomendação ou incentivo ao consumo.

Reprodução proibida: Art. 184 do Código Penal e Lei 9.610 de 19 de fevereiro de 1998.
Todos os direitos reservados à **EDITORA FTD**.

Rua Rui Barbosa, 156 – Bela Vista – São Paulo – SP
CEP 01326-010 – Tel. 0800 772 2300
Caixa Postal 65149 – CEP da Caixa Postal 01390-970
www.ftd.com.br
central.relacionamento@ftd.com.br

Produção gráfica
FTD educação | GRÁFICA & LOGÍSTICA
Avenida Antônio Bardella, 300 - 07220-020 GUARULHOS (SP)
Fone: (11) 3545-8600 e Fax: (11) 2412-5375

A - 951.466/25

SEJA BEM-VINDO!

Todos os dias, estamos em contato com inúmeras situações que exigem de nós o emprego de múltiplas linguagens e discursos. Dessa forma, somos levados a produzir textos e a realizar leituras variadas com os mais diferentes objetivos: para nos divertir, esclarecer algumas curiosidades e nos relacionar com outras pessoas ou nos manter informados sobre o que acontece, tanto no lugar onde vivemos como também no país e no mundo.

Esta coleção foi elaborada para auxiliar você a produzir textos de forma consciente. Nesse sentido, a coleção permitirá a leitura de variados gêneros, a compreensão de suas principais características e, principalmente, a prática da escrita de acordo com as diversas situações comunicativas. E que tal começar conhecendo a estrutura do seu livro?

ABERTURA DE UNIDADE

A abertura em páginas duplas marca o início das unidades.
A leitura da imagem e as questões apresentadas nessas páginas possibilitam a troca de informações entre você e os seus colegas, e permitem ao professor compreender melhor o que vocês já sabem sobre os gêneros a serem estudados.

CONTEXTUALIZANDO

Antes de iniciar a leitura, você vai conhecer informações fundamentais para compreender melhor o gênero a ser estudado, como o contexto histórico, o autor e outras informações complementares.

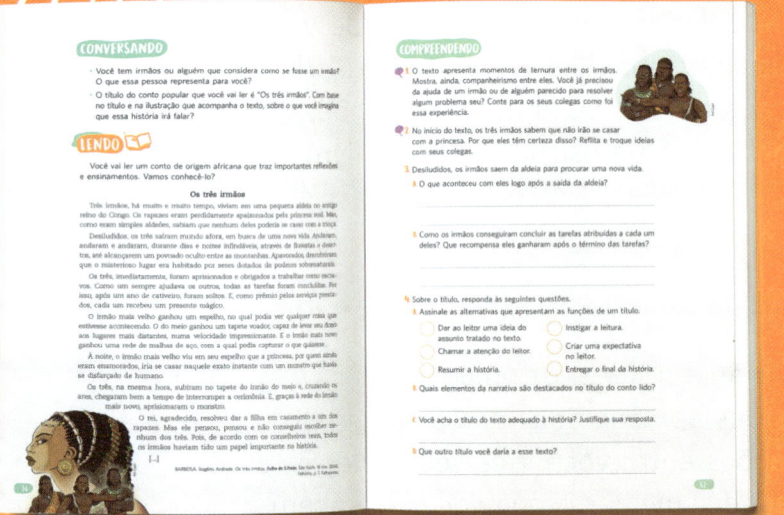

CONVERSANDO

Esse é um momento em que você e seus colegas podem trocar ideias.

LENDO

Você irá conhecer um exemplar do gênero que será estudado.

COMPREENDENDO

Aqui você realizará algumas atividades, orais e escritas, para entender o texto lido.

EXPLORANDO

Nessa seção você irá estudar e responder às atividades sobre as principais características do gênero lido.

SUGESTÕES DE LIVROS, FILMES E SITES

Com o objetivo de ampliar seu conhecimento sobre o tema ou o gênero estudado, poderão aparecer sugestões de livros, filmes e sites.

ATITUDE CIDADÃ

Quando for oportuno, serão apresentadas discussões para que você e seus colegas reflitam sobre temas socialmente relevantes.

As questões marcadas por este ícone deverão ser realizadas com um ou mais colegas, por escrito ou oralmente.

ESQUEMATIZANDO

Você terá uma oportunidade de revisar o gênero estudado por meio de um esquema contemplando suas características principais.

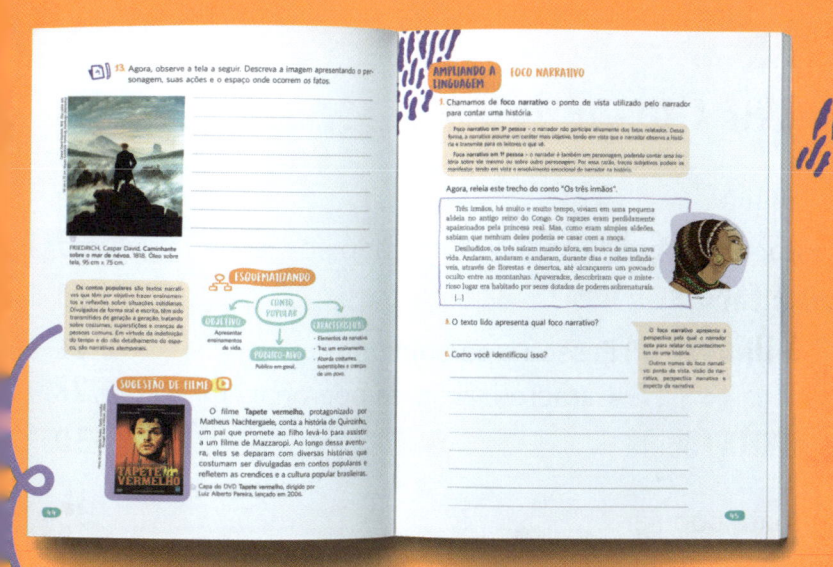

AMPLIANDO A LINGUAGEM

Nessa seção, você verá conteúdos que vão contribuir para que você produza textos de forma mais eficiente e consciente. Nela você estudará conteúdos pertinentes para o desenvolvimento do gênero a ser produzido.

Durante os capítulos, aparecerão informações complementares de conteúdo ou curiosidades sobre o que você estiver estudando. Elas estarão sempre em fundo colorido para destacá-las!

PRODUÇÃO ESCRITA

Você terá orientações passo a passo para a produção do gênero que estudou anteriormente.

Este ícone indicará atividades em que você e seus colegas deverão expressar-se oralmente.

Nas atividades marcadas por este ícone, você deverá realizar pesquisas e coletar informações.

Este ícone indicará atividades nas quais você deverá produzir textos curtos que contemplem algumas características do gênero estudado, como um treino para a seção **Produção escrita**.

SUMÁRIO

TEXTO, CONTEXTO, DISCURSO E GÊNEROS TEXTUAIS 8

UNIDADE 1 FÁBULA E CONTO POPULAR 14

▶ **CAPÍTULO 1** Fábula 16
LENDO O pastor e os lobos • Esopo - Recontado por Felipe Torre 17
EXPLORANDO A FÁBULA 19
AMPLIANDO A LINGUAGEM Pessoa e personagem 26
Caracterização de personagem 28
PRODUÇÃO ESCRITA Fábula 30

▶ **CAPÍTULO 2** Conto popular 35
LENDO Os três irmãos • Rogério Andrade Barbosa 36
EXPLORANDO O CONTO POPULAR 38
AMPLIANDO A LINGUAGEM Foco narrativo 45
PRODUÇÃO ESCRITA Conto popular 50

UNIDADE 2 TIRINHA E HISTÓRIA EM QUADRINHOS 54

▶ **CAPÍTULO 3** Tirinha 56
LENDO Tirinha • Antônio Cedraz 57
EXPLORANDO A TIRINHA 59
AMPLIANDO A LINGUAGEM Linguagem verbal,
não verbal e mista 62
PRODUÇÃO ESCRITA Tirinha 67

▶ **CAPÍTULO 4** História em quadrinhos 71
LENDO Chico Bento em: Pra casa da vó Dita • Mauricio de Sousa ... 72
EXPLORANDO A HISTÓRIA EM QUADRINHOS 77
AMPLIANDO A LINGUAGEM A linguagem nas histórias
em quadrinhos 84
PRODUÇÃO ESCRITA História em quadrinhos 90

UNIDADE 3 CARTA PESSOAL E *E-MAIL* 94

▶ CAPÍTULO 5 Carta pessoal 96
LENDO Carta pessoal 97
EXPLORANDO A CARTA PESSOAL 99
AMPLIANDO A LINGUAGEM Registro formal e registro informal 105
PRODUÇÃO ESCRITA Carta pessoal 109

▶ CAPÍTULO 6 E-mail 113
LENDO E-mail 114
EXPLORANDO O *E-MAIL* 115
AMPLIANDO A LINGUAGEM Variação linguística 123
PRODUÇÃO ESCRITA E-mail 130

UNIDADE 4 NOTÍCIA E TEXTO DE OPINIÃO 134

▶ CAPÍTULO 7 Notícia 136
LENDO Menino corta cabelo igual ao de amigo para "confundir" professora • G1 137
EXPLORANDO A NOTÍCIA 139
AMPLIANDO A LINGUAGEM Pontuação 145
Subjetividade e objetividade 148
PRODUÇÃO ESCRITA E ORAL Roteiro e apresentação de telejornal 152

▶ CAPÍTULO 8 Texto de opinião 157
LENDO Bicicleta: uma alternativa de transporte viável nas cidades • Charles H. F. Chiba 158
EXPLORANDO O TEXTO DE OPINIÃO 160
AMPLIANDO A LINGUAGEM Aspectos tipológicos 166
PRODUÇÃO ESCRITA Texto de opinião 173

TEXTO, CONTEXTO, DISCURSO E GÊNEROS TEXTUAIS

TEXTO, CONTEXTO, DISCURSO

Você já parou para pensar que, no dia a dia, realizamos diversas atividades, como: ir à escola, frequentar um curso de inglês, nadar, ler um livro, tomar sorvete, passear no parque, ver um filme, brincar na casa de um amigo? Essas atividades são chamadas **práticas sociais**. Por meio dessas práticas nos relacionamos socialmente e interagimos com as pessoas empregando múltiplas linguagens, e, assim, atuamos no mundo em que vivemos. Chamamos de **interação** toda ação recíproca que se estabelece nas práticas sociais. Essa interação ocorre entre os **interlocutores**, ou seja, os participantes de uma interação social.

1. Observe estas fotografias.

A. Essas fotografias mostram algumas práticas sociais. Que práticas estão representadas em cada uma delas?

_____

_____

B. Qual dessas práticas é mais próxima do que você faz no seu dia a dia? Explique.

_____

_____

_____

2. Observe o anúncio classificado a seguir.

> **VENDE-SE**
> Bicicleta branca, aro 26, 21 marchas, nova, quadro de alumínio.
> Tel.: (01) 2345-6789

A. Com que objetivo o anúncio classificado foi produzido?

_____

B. Que recursos foram utilizados para alcançar o objetivo proposto?

_____

C. Onde normalmente um anúncio classificado é veiculado?

_____

D. Quem são os interlocutores desse texto?

_____

3. Agora, veja a situação representada na fotografia ao lado. Ao observar a obra de arte, é possível afirmar que ocorre uma interação entre o espectador e o autor da tela? Explique.

_____

_____

Homem contemplando uma obra de arte no Museu de História da Arte, em Viena, na Áustria.

O anúncio classificado e a tela observada pelo homem na fotografia transmitem uma mensagem ao leitor/espectador por meio de diferentes linguagens, verbais e não verbais, respectivamente.

O **texto** (oral ou escrito, verbal ou visual) é um todo com sentido significativo e resultado de uma atividade discursiva. Para ter um sentido significativo, o texto deve estar associado a um contexto também significativo.

Assim, o **contexto** é o conjunto de fatores que compõem a situação comunicativa. Entre esses fatores, podemos citar, por exemplo: os interlocutores (quem fala/escreve, quem ouve/lê), a finalidade com que o texto é produzido, onde ele irá circular e onde será publicado, exposto ou veiculado.

O **discurso**, por sua vez, é a atividade comunicativa que produz sentido e se estabelece na relação entre os interlocutores.

4. Leia a tirinha a seguir.

GONSALES, Fernando. Níquel Náusea. **Folha de S.Paulo**. 19 mar. 2017. Disponível em: <www1.folha.uol.com.br/ilustrada/cartum/cartunsdiarios/#19/3/2017>. Acesso em: 10 maio 2017.

A. Pelo contexto em que os personagens estão inseridos, é possível saber o que significa a palavra **procrastinador**?

_____

B. Para produzir essa tirinha, o autor Fernando Gonsales se apropriou de uma história infantil muito conhecida. Que história é essa?

_____

C. Você conhece essa história?

_____

D. Qual é a diferença entre os personagens representados no conto original e os personagens da tirinha de Fernando Gonsales?

_____

E. Que efeito de sentido o cartunista confere ao texto?

_____

Segundo alguns estudiosos, quando produzimos um **discurso**, ele sempre vem acompanhado de **outros discursos**. Assim, ao escrevermos ou dizermos algo, recorremos a outros livros que lemos, outras frases que ouvimos, outras ideias compartilhadas. Na tirinha da página anterior, ao recorrer ao conhecimento do leitor sobre a história dos três porquinhos, Fernando Gonsales a resgata e lhe atribui um novo sentido.

5. Observe a tirinha a seguir.

LAERTE. **Classificados**. São Paulo: Devir, 2001. v. 1. p. 7.

A. Ao ler as placas nos três primeiros quadrinhos, qual sentido o motorista deu à palavra **reduza**?

_____

B. Que elemento visual permite chegar a essa conclusão?

_____
_____
_____
_____

C. No último quadrinho, a palavra **reduza** aparece com um novo significado. Que significado é esse e como é possível percebê-lo?

_____
_____

D. O que essa mudança de significado provoca?

_____
_____

GÊNEROS TEXTUAIS

No cotidiano, quando interagimos com as pessoas, estamos produzindo gêneros textuais, ou seja, textos que possuem uma finalidade, uma estrutura, uma linguagem específica. Ao produzir determinados gêneros, é importante saber, por exemplo, o objetivo do texto, para quem será destinado e em que veículo será publicado. Os gêneros textuais estão sempre relacionados a áreas do conhecimento, campos de atividade humana ou esferas de circulação, tais como: esfera jornalística, literária, publicitária, jurídica, científica, cotidiana, entre outras.

1. Observe, a seguir, alguns exemplos e responda às questões.

A

COMEDIANDO
Comédia Stand Up
INTEIRA
R$ 15,00
Teatro Reunião dos Artistas
Sábado: 09-06-2018 20:30
PRODUÇÃO: FOCO EVENTOS APOIO: ARTE
Casa Ingressos
Rogério Casagrande

B

Paquistanesa de 13 anos cria projeto para ler um livro de cada país

Aisha Esbhani já leu obras de 80 países, incluindo o Brasil

Tudo começou em março de 2016. "Eu olhei para minha prateleira e notei que algo estava faltando", conta Aisha Esbhani, paquistanesa de 13 anos, da cidade de Karachi. Depois disso, a menina decidiu ler uma obra de cada país do mundo, para conhecer autores e culturas diferentes, já que a maioria de seus livros vinham dos Estados Unidos ou do Reino Unido.

A garota se inspirou em Ann Morgan, que também fez esse desafio, mas, diferente de Morgan, Aisha não estipulou um tempo limite para o desafio: "Quero explorar cada país, não apenas ler o livro", afirma ela à GALILEU.

Para escolher as obras, Aisha criou uma página no Facebook, onde busca dicas de leitores de todo o mundo. Além disso, seus pais sempre se certificam de que o livro é apropriado para sua idade. [...]

VIGGIANO, Giuliana. Paquistanesa de 13 anos cria projeto para ler um livro de cada país. **Revista Galileu**. 25 abr. 2017. Disponível em: <http://revistagalileu.globo.com/Cultura/Livros/noticia/2017/04/paquistanesa-de-13-anos-cria-projeto-para-ler-um-livro-de-cada-pais.html>. Acesso em: 10 maio 2017.

C

[...]

O príncipe olhou ao redor do castelo. Tudo estava paralisado: esquilos, coelhos, veadinhos, todos quietos.

No castelo, viu o cocheiro segurando a carruagem do rei; crianças pulando amarelinha paradas no ar, em pleno salto; um cão roendo o osso; o pavão com a cauda aberta; os passarinhos calados nos ramos.

[...]

Nesse ambiente mágico, o príncipe não resistiu e beijou os lábios da princesa.

A Bela Adormecida abriu os olhos e se apaixonou.

Naquele momento, a vida arrebentou no castelo. Os cães latiram e abanaram o rabo, as moscas voaram, os passarinhos cantaram.

[...]

CHAIB, Lídia; COSTA, Mônica Rodrigues da (Adap.). **As melhores histórias de princesas**. São Paulo: Publifolha, 2000. p. 44. (As melhores histórias).

Após ler os textos apresentados, anote a letra correspondente, de acordo com o objetivo de cada um deles.

◯ Expor informações sobre um evento.

◯ Narrar uma história ficcional.

◯ Relatar um acontecimento real.

2. Muitos textos são produzidos de acordo com a sua finalidade em determinado contexto. Reúna-se com um colega e, juntos, identifiquem qual gênero deve ser produzido para cada situação a seguir.

A DIÁRIO   **B** CARDÁPIO   **C** BULA   **D** BILHETE   **E** LISTA TELEFÔNICA ON-LINE

◯ Consultar o número de telefone de uma pessoa ou de uma empresa.

◯ Deixar registrada uma mensagem curta, de forma impressa ou manuscrita, a fim de dar um recado ou aviso a alguém.

◯ Escolher o que comer em um restaurante.

◯ Obter informações sobre a composição de um remédio.

◯ Registrar por escrito alguns acontecimentos ocorridos em determinado dia, os quais gostaria de manter em segredo.

UNIDADE 1
FÁBULA E CONTO POPULAR

A. Quais animais estão representados nesta imagem?

B. Você conhece alguma fábula? Se conhecer, anote o que lembrar do título. Pode ser mais de uma fábula. Depois comente com seus colegas.

C. A imagem representa a cena de uma fábula. Você sabe o que acontece nessa história?

D. Fábula é um gênero narrativo de origem oral. Isso significa que antes de ser escrita, ela foi contada. Que outros gêneros também possuem origem oral?

CAPÍTULO 1

FÁBULA

CONTEXTUALIZANDO

O texto que você vai ler é uma adaptação da fábula "O pastor e os lobos", de Esopo. Para compreendê-lo melhor, conheça um pouco da origem das fábulas, os principais fabulistas e o porquê de os animais serem, geralmente, os principais personagens desse gênero.

A ORIGEM DAS FÁBULAS

As fábulas são textos narrativos relativamente curtos (se comparadas com um romance, por exemplo), em que os personagens geralmente são animais que apresentam características humanas. São textos que trazem uma lição de moral, com a intenção de ensinar alguma coisa ao leitor.

Acredita-se que a fábula tenha sido criada pelo fabulista grego **Esopo**, no século VI a.C., para ensinar as pessoas a agir de maneira exemplar e com sabedoria.

No século I d.C., o fabulista romano **Fedro** recontou os textos de Esopo e acabou sendo o responsável pela introdução das fábulas na literatura latina, falando de injustiças e de problemas sociais.

Somente por volta do século XVII, **Jean de La Fontaine**, um escritor francês considerado o "pai das fábulas modernas", popularizou esse gênero, ao resgatar as histórias de Esopo no Ocidente, que se tornaram conhecidas e admiradas.

Esopo em pintura do espanhol Diego Velázquez, feita em 1640.

Diego Rodríguez de Silva y Velázquez. 1639-1640. Óleo sobre tela. 179 cm × 94 cm. Museu do Prado, Madri (Espanha).

OS ANIMAIS COMO PERSONAGENS

Sabemos que, na vida real, os animais não fazem festas, não falam, nem trabalham. Mas, nas fábulas, eles se assemelham a nós e podem representar tanto os defeitos quanto as qualidades do ser humano, a depender da situação retratada pelo fabulista.

Assim, ao introduzir um animal na história, o fabulista vai preparando o leitor para as características a serem percebidas.

Selo francês de 1978 em homenagem à fábula "A lebre e a tartaruga", atribuída a Esopo.

Lefteris Papaulakis/Shutterstock.com

MONTEIRO LOBATO

Precursor da literatura infantil no Brasil, Monteiro Lobato (1882-1948) tornou-se conhecido principalmente pelo conjunto de obras infantis que publicou a partir da década de 1920. Além disso, o autor é considerado o responsável por divulgar as fábulas entre as crianças. Ao adaptá-las ao público infantil, Lobato procurou atenuar o caráter moralista desse gênero e levar o leitor, ao final de cada história, a refletir sobre diversos temas importantes.

CONVERSANDO

- Você conhece alguma história que apresenta ensinamentos para o leitor? Comente com os colegas.
- Você gosta de textos como esses? O que já aprendeu com eles?
- Como você conheceu essas histórias?
- Com base no título da fábula a seguir e na ilustração que a acompanha, o que você imagina que vai acontecer nessa história?

LENDO

Qual ensinamento importante essa fábula traz? Vamos conferir? Leia o texto e descubra a reflexão que ela propõe.

O pastor e os lobos

Um jovem pastor, cansado de cuidar o dia todo do seu rebanho, teve uma ideia: enganar os habitantes de sua aldeia para poder se divertir. Certo dia, após levar seus numerosos carneiros rumo à montanha, lá do alto, começou a berrar:

— Socorro! Socorro! Os lobos estão nos atacando!

Preocupados com o pastor e os pobres carneiros, os moradores da aldeia correram para o topo da montanha para conseguir agarrar os esfomeados lobos antes que eles atacassem. Chegando lá, encontraram os carneiros descansando e o pastor morrendo de rir.

— Que mentira! Que brincadeira mais sem graça! — disseram magoados.

Essa cena se repetiu muitas e muitas vezes. Eis que num belo entardecer os lobos realmente apareceram! Então, em alto e bom som, o jovem pastor deu seu grito de horror:

— Socorro! Socorro! Os lobos estão nos atacando!

Porém, dessa vez ninguém acreditou. Nenhuma pessoa sequer atendeu ao seu chamado, pois todos estavam cansados de ser enganados. Assim, os lobos atacaram o rebanho inteiro. E o pastor, triste e sozinho na montanha, concluiu:

— De nada adianta mentir, pois quando falamos a verdade ninguém acredita.

Esopo. **O pastor e os lobos**. Recontado por Felipe Torre.
Disponível em: <http://ojardimdasletras.wordpress.com/>.
Acesso em: 31 mar. 2017.

COMPREENDENDO

1. A fábula mostra que os moradores costumavam atender ao chamado do pastor. Por que eles faziam isso?

2. Em uma narrativa como a fábula, é comum a relação de causa e consequência entre os acontecimentos. Quais foram as consequências das constantes mentiras do pastor?

3. Em sua opinião, o pastor conhecia as consequências de sua atitude? Justifique sua resposta.

4. Imagine que o pastor quisesse reconquistar a confiança das pessoas da aldeia. Que atitudes ele deveria tomar para isso? Explique.

5. No diagrama a seguir, há oito palavras que se referem à fábula lida e são fundamentais para compreendê-la. Localize-as.

I	N	C	O	N	S	E	Q	U	Ê	N	C	I	A	R	R
D	E	F	I	R	G	H	N	M	V	S	A	D	P	R	F
C	F	S	G	D	C	B	K	L	M	J	M	O	R	A	L
V	W	I	G	M	E	N	T	I	R	A	G	F	E	F	G
E	D	N	J	Y	U	V	D	D	I	Q	O	P	N	C	P
R	A	C	F	V	A	S	E	Q	A	B	Z	C	D	V	Ç
D	G	E	R	I	M	P	R	U	D	Ê	N	C	I	A	G
A	B	R	R	A	E	A	E	X	E	V	B	N	Z	F	E
D	S	I	Y	N	Ê	D	A	Z	A	I	E	D	A	D	Ê
E	U	D	F	X	C	A	B	N	D	E	F	T	G	R	E
D	U	A	R	A	X	J	C	Q	A	Z	N	M	E	F	C
E	Y	D	E	E	D	E	Ê	P	Q	R	S	D	M	J	G
R	O	E	S	O	L	I	D	A	R	I	E	D	A	D	E

EXPLORANDO A FÁBULA

1. Converse com seus familiares e pergunte que fábulas eles conhecem. Peça-lhes que as contem para você. Depois, registre as informações abaixo.

NOME DO FAMILIAR	TÍTULO DA FÁBULA	RESUMO DA FÁBULA

NOME DO FAMILIAR	TÍTULO DA FÁBULA	RESUMO DA FÁBULA

2. Após o texto da página **17** é apresentada a fonte de onde foi extraída a fábula. Leia-a e responda às questões.

A. Onde ela foi publicada?

_____

B. O que a palavra **recontado** indica?

_____

3. Agora, leia o texto a seguir e responda à questão.

[...]

Como no início de sua formação as diferentes sociedades não dominavam a escrita, essas narrativas eram transmitidas de boca a boca. Sem o apoio do registro escrito, essa forma de transmissão exigia que a memória dos contadores fosse cultivada com a finalidade de garantir a manutenção do núcleo da narrativa, já que, a cada vez que era contada, ocorriam modificações: acrescentavam-se ou subtraíam-se elementos e as palavras usadas eram forçosamente modificadas para garantir que, nas sucessivas interações, os diferentes públicos pudessem entender o que se contava. Ainda hoje há grupos sociais que reservam lugar especial para a tradição e para as narrativas orais.

O fato de serem produtos da tradição não conserva as narrativas sempre iguais. Há inúmeros fatores históricos que implicam em mudanças, todos relacionados com a situação de interação em que elas são contadas. É desse aspecto mutável das narrativas tradicionais que surge o conhecido ditado: *quem conta um conto, aumenta um ponto.*

[...]

Narrativas de tradição oral. Disponível em: <www.escrevendoofuturo.org.br/conteudo/biblioteca/nossas-publicacoes/revista/artigos/artigo/1245/narrativas-da-tradicao-oral>. Acesso em: 11 mar. 2017.

Como a oralidade influencia as diferentes versões de uma mesma fábula?

4. Qual é o ensinamento transmitido pelo texto lido na página 17?

Provérbio: frase curta de origem popular que sintetiza um conceito a respeito da realidade ou uma regra social ou moral.

5. A moral de uma fábula pode aparecer, às vezes, sob a forma de um provérbio. Assinale o provérbio a seguir que comunica um ensinamento semelhante ao da moral da fábula "O pastor e os lobos".

○ VÃO-SE OS ANÉIS, FICAM OS DEDOS.

○ VAI MUITO DO DIZER AO FAZER.

○ NA BOCA DO MENTIROSO, O CERTO SE FAZ DUVIDOSO.

O **tempo** e o **espaço** da narrativa se referem, respectivamente, ao momento e ao lugar em que a história ocorre.

6. Nas fábulas, as indicações de **tempo** e de **espaço** são imprecisas. Esse recurso atribui ao gênero um caráter **atemporal**, pois seus ensinamentos possuem valor em qualquer época. Na fábula "O pastor e os lobos", que expressão é utilizada para indicar quando a história ocorre? E para indicar o espaço onde ela acontece?

7. Os **personagens** também são um elemento importante nas narrativas, pois cabe a eles a realização das ações. Conheça a seguir a classificação dos personagens, de acordo com o papel que desempenham na narrativa.

PERSONAGEM PRINCIPAL (PROTAGONISTA)
Aquele que faz o papel principal na narrativa e em torno do qual ocorrem as ações.

PERSONAGEM PRINCIPAL (ANTAGONISTA)
É o personagem que age contra o protagonista, dificultando seus planos. Muitos dos obstáculos da trama são criados pelos antagonistas.

PERSONAGEM SECUNDÁRIO
Aquele que tem menor participação na narrativa.

A. Quem são os personagens da fábula lida na página 17?

_____

B. Qual deles é o protagonista? E qual é o personagem secundário?

_____

_____

8. Em uma narrativa, um dos elementos importantes é o **narrador**. Veja ao lado como ele pode ser classificado.

Narrador-observador: não participa da história, apenas observa, assiste aos acontecimentos. Para isso, são empregados verbos e pronomes na 3ª pessoa para se referir aos personagens da narrativa.

Narrador-personagem: participa da história podendo ser protagonista, antagonista ou personagem secundário. Para se incluir na história, utiliza verbos e pronomes em 1ª pessoa.

A. Na fábula lida, o narrador é um narrador-personagem ou narrador-observador? Como você chegou a essa conclusão?

_____

_____

_____

B. Marque nos quadrinhos **P** para o trecho que se refere à fala do personagem e **N** para o trecho que se refere à voz do narrador.

◯ Certo dia, após levar seus numerosos carneiros rumo à montanha, lá do alto, começou a berrar:

◯ — Socorro! Socorro! Os lobos estão nos atacando!

9. Leia a seguir outra fábula.

A assembleia dos ratos

Certa vez os ratos reuniram-se em assembleia para encontrar um jeito de se livrar das garras do gato que morava na vizinhança. Foram muitas as propostas, mas nenhuma parecia resolver o problema. Até que uma ratazana esperta teve a ideia:

– E se nós amarrássemos um sino no pescoço do gato? Quando ele estiver se aproximando, nós ouviremos o sino e fugiremos a tempo.

A proposta foi aplaudidíssima por todos os presentes.

– Muito bem, agora só resta escolher quem dentre nós vai amarrar o sino no pescoço do gato.

Os ratos foram saindo de fininho, com as desculpas mais esfarrapadas:

– Eu não sei dar laço.

– Eu sou canhoto.

– Eu não enxergo muito bem.

Até que não sobrou nenhum na sala.

Moral

Falar é fácil, fazer é que são elas.

LEITE, Ivana Arruda. A assembleia dos ratos. In: _____. **Fábulas de Esopo**. São Paulo: Escala Educacional, 2004. p. 22. © by Ivana Arruda Leite.

Na fábula "O pastor e os lobos", os personagens principais são pessoas, como vimos na página **17**. Já na fábula "A assembleia dos ratos", os personagens são animais personificados, ou seja, possuem características humanas.

A. Qual é a principal característica dos ratos e a principal característica do gato na fábula "A assembleia dos ratos"?

_____

_____

B. Que ensinamento é possível tirar da moral dessa fábula?

_____

_____

_____

C. Nessa fábula há um antagonista. Identifique-o e justifique tal classificação.

_____

10. Compare as fábulas "A assembleia dos ratos" e "O pastor e os lobos". Para isso, leve em consideração os questionamentos propostos abaixo.

O PASTOR E OS LOBOS | **A ASSEMBLEIA DOS RATOS**

Quem são os protagonistas da história?

_____ | _____

O tempo e o espaço são definidos com precisão?

_____ | _____
_____ | _____

Qual é o tipo de narrador da história?

_____ | _____

De que forma é apresentada a moral?

_____ | _____
_____ | _____
_____ | _____

> A **sequência cronológica** é a ordem linear dos acontecimentos de uma narrativa localizados no tempo. Entre esses acontecimentos, existe uma relação de causa e efeito.

11. O **enredo**, um dos elementos da narrativa, é a sucessão de acontecimentos que são apresentados, contribuindo para o dinamismo da história. Ordene os acontecimentos a seguir de acordo com a sequência cronológica dos textos.

O PASTOR E OS LOBOS

( ) Os lobos aparecem e os moradores não ajudam o pastor, pois não acreditam mais nele.

( ) O pastor resolve enganar os moradores de sua aldeia.

( ) Preocupados, os moradores correram até a montanha para ajudar.

( ) A cena em que o pastor engana os moradores volta a se repetir diversas vezes.

A ASSEMBLEIA DOS RATOS

( ) Uma ratazana esperta apresenta sua ideia.

( ) Todos os ratos se recusam a executar o plano e termina a assembleia.

( ) Um rato pergunta quem executará o plano.

( ) Os ratos se reúnem em assembleia.

12. Preencha o diagrama a seguir com as principais características de uma fábula.

VERTICAL

1. Responsável por apresentar os fatos.
2. Ensinamento sobre os comportamentos humanos que aparece no final das fábulas.
3. Forma pela qual as fábulas foram, originalmente, transmitidas de geração a geração.

HORIZONTAL

4. Indica momentos em que os fatos ocorrem. Nas fábulas, geralmente, é indeterminado.
5. Personagens personificados.
6. Aparece descrito de forma breve para indicar os lugares onde os fatos ocorrem.

13. Agora, reúna-se com um colega e pesquisem outras fábulas. Abaixo, anotem as informações solicitadas sobre os textos que vocês encontraram.

- Título da fábula: _____

- Tipo de narrador: _____

- Protagonistas: _____
  _____

- Antagonistas: _____
  _____

- Enredo: _____
  _____
  _____
  _____
  _____

- Moral da fábula: _____
  _____
  _____

As **fábulas** são narrativas contadas ou escritas com a finalidade de propor um ensinamento chamado de moral. Os personagens das fábulas, normalmente, são animais personificados que representam vícios ou virtudes humanas. Devido ao caráter atemporal das fábulas, o tempo e o espaço são imprecisos. Em geral, elas apresentam um narrador-observador que apenas narra os acontecimentos.

Originalmente, as fábulas foram divulgadas pela tradição oral e passadas de geração a geração. As diferentes versões das fábulas, tanto faladas quanto escritas, contribuíram para a disseminação desse gênero ao longo do tempo.

ESQUEMATIZANDO

FÁBULA

OBJETIVO
Apresentar um ensinamento a partir de uma crítica a comportamentos humanos.

PÚBLICO-ALVO
Público em geral.

CARACTERÍSTICAS
- Personagens (pessoas, animais).
- Espaço e tempo (imprecisos).
- Geralmente, apresentam narrador-observador.
- Enredo.

AMPLIANDO A LINGUAGEM

PESSOA E PERSONAGEM

Releia um trecho da fábula "O pastor e os lobos".

> Um jovem pastor, cansado de cuidar o dia todo do seu rebanho, teve uma ideia: enganar os habitantes de sua aldeia para poder se divertir. Certo dia, após levar seus numerosos carneiros rumo à montanha, lá do alto, começou a berrar:
> — Socorro! Socorro! Os lobos estão nos atacando!

1. De quem é a fala destacada no trecho acima?

2. Essa fala é de uma pessoa real ou de um personagem? Explique.

> Em uma narrativa ficcional, os fatos podem ser vivenciados por pessoas, animais e até mesmo por objetos. Quem vivencia os fatos em uma narrativa e ajuda a construir a história é chamado de **personagem**.

Você já se perguntou por que, ao falarmos sobre alguém, dizemos **a pessoa** e, ao assistirmos a um filme, dizemos **o personagem**? Para entender melhor essa diferença, leia o trecho de uma entrevista feita pela revista **Todateen** com o ator Asa Butterfield, que interpreta Jacob no filme **O lar das crianças peculiares**. Em seguida, veja um fotograma desse filme.

A

> tt: Pode falar sobre Jacob, seu personagem?
> Ele acha que é um sujeito bem comum, foi criado na Flórida e meio que acreditava que nada do que fizesse faria diferença. Jacob era muito próximo de seu avô, que lhe contava histórias quando ele era mais novo sobre esse lar mágico com as crianças estranhas que viviam nele. Depois de seu avô morrer, de uma forma bastante terrível, várias coisas o levam ao País de Gales para tentar descobrir mais sobre isso, porque uma grande parte da vida do avô de Jacob era um mistério e é aí que muito da nossa história começa.
> [...]

ASA BUTTERFIELD conta que não usou dublê em *O lar das crianças peculiares*. Disponível em: <http://todateen.com.br/fun-cinema-e-tv/asa-butterfield-conta-que-nao-usou-duble-em-o-lar-das-criancas-peculiares/>. Acesso em: 16 mar. 2017.

B

Filme de Tim Burton. O lar das crianças peculiares. EUA, Bélgica e Reino Unido. 2016. Foto: 20th Century Fox/Photo 12/Glow Images

Jacob (Asa Butterfield) em cena do filme **O lar das crianças peculiares**, dirigido por Tim Burton, lançado em 2016.

3. A entrevista mostra a conversa entre duas pessoas.

> No texto **A**, Asa Butterfield é um ator que participa de uma entrevista para falar de sua experiência profissional. Nesse momento, ele é uma **pessoa**, um ser com existência real que participa de acontecimentos concretos (entrevista).
>
> Já no texto **B**, o ator Asa Butterfield interpreta um personagem, ou seja, um ser criado pelo autor do livro **O lar das crianças peculiares** e, depois, recriado pelo diretor do filme.

A. Quem são essas pessoas?

_____

_____

B. No filme, o ator Asa Butterfield interpreta qual personagem?

_____

4. Observe as fotografias a seguir.

A. Em quais das imagens acima está sendo representado o ator Asa Butterfield? E em qual está sendo representado o personagem Jacob?

_____

_____

B. Como você chegou a essa conclusão? Justifique sua resposta.

_____

_____

_____

C. Agora, reúna-se com um colega e pesquisem outros personagens interpretados pelo ator Asa Butterfield. Em seguida, comentem sobre os filmes, caso já tenham assistido a alguns deles.

_____

_____

CARACTERIZAÇÃO DE PERSONAGEM

Você já estudou a diferença entre pessoa e personagem. Agora, irá saber como se caracteriza um personagem em uma narrativa.

1. Leia o texto retirado do conto **Uma história de Natal**, de Charles Dickens.

> [...]
> O mesmo rosto. Exatamente o mesmo. Marley com seu cabelo preso atrás num rabicho, usando o colete, as calças justas e as botas de sempre. E as borlas de pele das botas, o rabo de cavalo, as abas do paletó e o cabelo da cabeça, tudo estava em pé, arrepiado. A corrente que arrastava era comprida, enrolava em sua cintura e continuava como se fosse uma cauda. Ao observá-la de perto, Scrooge percebeu que era formada de cofrinhos, cadeados, chaves, registros e bolsas pesadas, tudo feito de ferro. O corpo dele era transparente. Dava para olhar através do colete e distinguir os dois botões nas costas do casaco.
> [...]
>
> DICKENS, Charles. **Uma história de Natal**. Tradução de Ana Maria Machado. São Paulo: Ática, 1995. p. 32. (Eu leio).

A. Por que, em uma narrativa, é importante a descrição de um personagem?

_____

_____

> As **características físicas** indicam como os personagens são e/ou estão fisicamente.
>
> As **características psicológicas** expressam o caráter, o estado de espírito e o comportamento.

B. A descrição apresentada no trecho se refere aos aspectos físicos do personagem ou ao seu comportamento e à sua personalidade? Justifique sua resposta.

_____

_____

2. Observe um trecho do romance **O menino do dedo verde**. Nessa história, o jardineiro Bigode, encarregado de ensinar jardinagem ao personagem Tistu, descobre que tudo o que o menino tocava crescia, florescia.

> Tistu é um nome esquisito, que a gente não acha em calendário algum, nem do nosso país nem dos outros. Não existe um São Tistu.
>
> Mas havia, no entanto, um menino a quem todos chamavam Tistu... [...]
>
> Os cabelos de Tistu eram louros e crespos na ponta. Como raios de sol que terminassem num pequeno cacho ao tocar na terra. Tistu tinha grandes olhos azuis e faces rosadas e macias. [...]
>
> DRUON, Maurice. **O menino do dedo verde**. 57. ed. Tradução de Dom Marcos Barbosa. Rio de Janeiro: José Olympio Editora, 1996. p. 5, 11.

A. Nesse trecho é feita uma descrição do personagem Tistu. Transcreva como são caracterizados: os cabelos, os olhos e a face do personagem.

_____

B. Em sua opinião, o título **O menino do dedo verde** refere-se a uma característica física ou psicológica do personagem? Explique.

_____
_____
_____
_____

> Além de personagens humanos, podemos descrever animais, plantas, objetos, sentimentos, paisagens, fenômenos físicos. A **descrição** é um recurso muito utilizado em diversos gêneros textuais. Por meio dela, o escritor instiga o leitor a imaginar as cenas, as pessoas e as situações.

3. Os nomes dos personagens a seguir referem-se a algumas características que eles possuem. Leia o nome de cada um deles e anote se o nome faz referência a uma característica física ou psicológica desse personagem.

PERNALONGA

MENINO MALUQUINHO

OLÍVIA PALITO

BRUTUS

4. É possível descobrir um personagem apenas perguntando sobre suas características mais marcantes? Vamos tentar!

- Reúna-se com mais três colegas e, em uma folha do caderno, escreva o nome de três personagens famosos. Recorte cada um dos nomes separadamente, dobre os papéis e coloque-os em um saquinho.
- Um de cada vez, vocês deverão ir até a frente da sala de aula, sortear um personagem e responder apenas com SIM ou NÃO às perguntas dos colegas.
- O restante da turma deverá adivinhar quem é o personagem sorteado.

ELA É ENGRAÇADA?

NÃO

PRODUÇÃO ESCRITA

FÁBULA

Neste capítulo, você leu duas fábulas e viu que elas são textos que têm o objetivo de transmitir um ensinamento ao leitor. Para isso, apresentam como personagens seres humanos e também animais, objetos ou fenômenos da natureza, sempre humanizados.

Agora é a sua vez de produzir uma fábula.

Antes disso, é importante considerar todos os aspectos do contexto de produção, a fim de que a fábula criada por você alcance o objetivo a que se propõe. Observe-os.

O que vou produzir?
Fábula a partir de um provérbio.

Para quem?
Frequentadores da biblioteca escolar e/ou da biblioteca municipal.

Onde será publicado?
Livro e audiolivro de fábulas da turma.

PLANEJANDO A FÁBULA

Você vai criar uma fábula apresentando uma moral que valorize uma virtude humana. Essa fábula será lida por você e, depois, fará parte de um livro e do audiolivro de fábulas da turma.

Leia as orientações a seguir e comece a pensar em sua história.

A. Primeiro, identifique qual ensinamento está presente em cada um dos provérbios a seguir.

- O FEITIÇO VOLTA-SE CONTRA O FEITICEIRO.
- QUEM TUDO QUER NADA TEM.
- NEM SEMPRE OS MAIS VELOZES CHEGAM EM PRIMEIRO LUGAR.
- É MELHOR PREVENIR QUE REMEDIAR.
- DEVAGAR SE VAI LONGE.
- A UNIÃO FAZ A FORÇA.
- UMA MÃO LAVA A OUTRA.

B. Agora, escolha um provérbio que achar mais interessante e apropriado para ser a moral da sua fábula. Anote-o abaixo, pois ele guiará sua produção.

Para esquematizar sua fábula, é importante fazer um levantamento das informações. No quadro a seguir, anote na coluna da direita as informações que vão nortear a produção do texto.

LEVANTAMENTO DE INFORMAÇÕES	ANOTAÇÕES
Qual será a ideia central do seu texto?	
Qual é o ensinamento a ser transmitido com a sua fábula?	
Quais são os personagens que vão participar da fábula?	
Quais serão as possíveis falas desses personagens ao longo da fábula?	
Quais são as virtudes e os defeitos dos personagens de sua história?	
Que palavras serão empregadas para indicar a indeterminação do espaço?	
Que palavras serão empregadas para indicar a indeterminação do tempo?	
Qual será o conflito em que os personagens vão se encontrar?	
De que forma esse conflito será solucionado?	

PRODUZINDO A FÁBULA

Após definir os elementos essenciais da fábula, comece a produzi-la.

A. Escreva sua fábula de modo que o narrador apresente os fatos. Se desejar, introduza as falas dos personagens. Neste último caso, fique atento ao emprego adequado da pontuação: uso de dois-pontos e travessão ou aspas.

B. Escreva uma história em, no máximo, uma página.

C. Evite a repetição desnecessária de palavras.

D. Lembre-se de caracterizar bem os personagens em sua fábula. Isso contribuirá para a exposição da moral da história.

E. Produza uma fábula respeitando a sequência cronológica dos fatos em uma narrativa.

F. Lembre-se de empregar palavras e expressões que indeterminem o espaço e o tempo.

G. Finalize a fábula anotando a moral escolhida.

H. Crie um título para o seu texto, lembrando que nele devem ser citados os personagens, sem revelar o assunto da história.

I. Produza sua fábula em uma folha de rascunho. Em seguida, revise-a e verifique se você seguiu todas as orientações.

Os **diálogos** são importantes para a construção de textos dramáticos e de narrativas, pois dão voz aos personagens. Assim, para a produção de um diálogo, é necessário escolher uma linguagem coerente com o contexto. Os diálogos, portanto, enriquecem os textos, deixando-os mais dinâmicos e vivos.

Além disso, em uma narrativa, as falas (diálogos) dos personagens podem ser indicadas ou separadas da fala do narrador por travessão (—) ou aspas (" "). Esses sinais gráficos abrem e fecham as falas. Por meio do diálogo, os fatos de uma história são contados com menos participação do narrador, dando ao leitor a impressão de estar observando diretamente a conversa entre os personagens.

Antes de iniciar seu texto, reveja as características do gênero fábula. Para isso, volte às questões que exploram essas características e à seção **Esquematizando**.

SE DESEJAR, FAÇA UMA ILUSTRAÇÃO PARA A FÁBULA, INCLUINDO A IMAGEM DOS PERSONAGENS PRINCIPAIS EM UMA CENA IMPORTANTE DO TEXTO.

AVALIANDO A FÁBULA

Depois de pronto, avalie seu texto com base nas questões a seguir.

	👍	👎
Caso tenha incluído diálogos entre os personagens, há indicação da pontuação (dois-pontos e travessão ou aspas) para sinalizar as falas?		
A história foi apresentada em, no máximo, uma página?		
Você evitou a repetição de palavras?		
O enredo produzido respeita a sequência cronológica dos fatos em uma narrativa?		
Você inseriu uma moral no fim da história?		
A linguagem empregada é adequada aos personagens e ao contexto da narrativa?		
O título do texto está coerente com a história?		

LISTA DE ADEQUAÇÕES

1. _____
2. _____
3. _____
4. _____

A REVISÃO E A REESCRITA DE UM TEXTO SÃO ETAPAS NECESSÁRIAS E DEVEM SER REALIZADAS COM ATENÇÃO.

COM BASE NOS ITENS DA LISTA DE ADEQUAÇÕES AO LADO, FAÇA AS ALTERAÇÕES NECESSÁRIAS EM SEU TEXTO.

COMO MONTAR UM LIVRO DE FÁBULAS?

Agora, você e seus colegas vão montar um livro com as fábulas criadas pela turma. Para isso, sigam as instruções a seguir.

A. Em uma folha avulsa, passe a limpo, com bastante cuidado, sua história. Se achar mais interessante, digite-a no computador ou no celular e, por fim, imprima-a.

B. Lembre-se de colocar o título da história e ilustrá-la para o livro ficar bem chamativo.

C. Sob a orientação do professor, vocês devem reunir os textos e grampeá-los.

D. Criem um título para o livro. Vocês podem reunir sugestões próprias e depois realizar uma votação para escolher o melhor título.

E. Um de vocês deverá ficar encarregado de produzir a capa do livro, que pode ser feita com cartolina ou papel-cartão colorido.

F. Por fim, se possível, levem o livro de fábulas a uma papelaria ou outro estabelecimento que possa encaderná-lo.

COMO MONTAR UM AUDIOLIVRO DE FÁBULAS?

Neste momento, vamos produzir um audiolivro para acompanhar o livro impresso.

Veja a seguir um passo a passo do processo de transformação de um livro em um audiolivro.

> PARA TREINAR, VOCÊ PODE ENSAIAR EM CASA, DE FRENTE PARA O ESPELHO, OU LER A FÁBULA PARA SEUS FAMILIARES.

A. Primeiro, releia seu texto quantas vezes forem necessárias, a fim de que sua leitura fique fluente.

B. A história pode ser gravada com o uso de um computador ou de um celular. Depois, a gravação deverá ser transferida para um CD ou para outro suporte, a fim de anexá-la ao livro de fábulas.

C. Ao contar a história, procure: falar pausadamente; empregar um tom de voz adequado, não muito baixo nem alto demais; dar as entonações necessárias para a expressividade do texto.

D. Finalizada a atividade, reúna-se com seus colegas para conversar sobre como foi a experiência de contar histórias. Ouçam o áudio criado por vocês e conversem sobre os pontos positivos e o que pode ser melhorado na próxima produção.

E. Depois de tudo pronto, exponham o livro, acompanhado do audiolivro, na biblioteca da escola e/ou na biblioteca municipal, para que outras pessoas tenham a oportunidade de conhecer os textos produzidos.

CAPÍTULO 2 — CONTO POPULAR

CONTEXTUALIZANDO

Neste capítulo, você vai ler um conto popular. Você sabe o que são contos populares? Antes de ler um conto popular, vamos saber um pouco mais sobre a origem desse gênero e sua história no Brasil.

O QUE É O CONTO POPULAR?

Os contos populares são narrativas com número reduzido de personagens e que exploram a herança folclórica de um povo. Esse gênero tem o objetivo de divertir as pessoas, além de proporcionar ensinamentos importantes sobre a vida. Antes de surgirem os registros escritos, os contos, assim como as fábulas, eram passados oralmente de geração a geração.

Além de apresentar um ensinamento, os contos populares podem narrar acontecimentos com intervenção divina; explicar um aspecto, uma forma, um hábito ou caráter de qualquer pessoa, coisa ou lugar; apresentar histórias humorísticas.

CONTO POPULAR NO BRASIL

No Brasil, o conto popular tem fortes ligações com as tradições portuguesa, indígena e africana. Em 1885, Sílvio Romero lançou um livro chamado **Contos Populares do Brasil**, com diversos contos coletados em várias regiões do nosso país. Esses contos foram se modificando ao longo dos anos, recebendo a contribuição dos diferentes povos que viviam aqui.

Um dos personagens mais conhecidos desses **contos populares** é Pedro Malasartes, rapaz de origem humilde e muito esperto. Malasartes engana todos que cruzam o seu caminho e sempre tenta levar vantagem sobre pessoas poderosas e egoístas. Em alguns contos, Malasartes é retratado como uma pessoa boa que faz justiça (visto como herói), mas, em outros, suas atitudes mostram alguns desvios de caráter, por isso ele também é considerado um anti-herói.

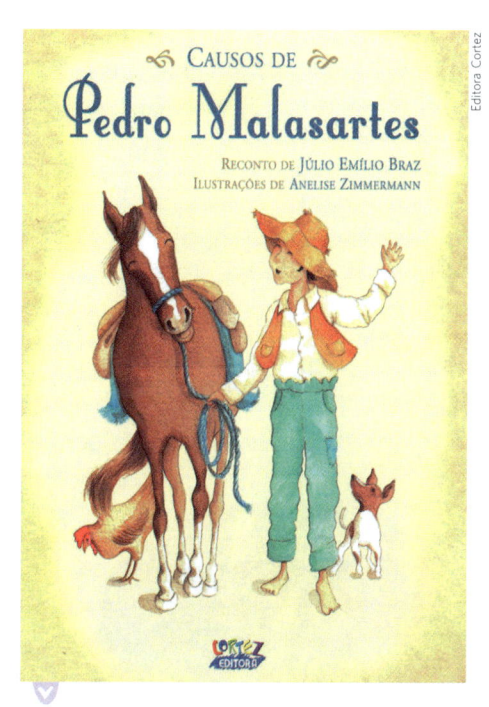

Capa do livro **Causos de Pedro Malasartes**, de Júlio Emílio Braz.

CONVERSANDO

- Você tem irmãos ou alguém que considera como se fosse um irmão? O que essa pessoa representa para você?
- O título do conto popular que você vai ler é "Os três irmãos". Com base no título e na ilustração que acompanha o texto, sobre o que você imagina que essa história irá falar?

LENDO

Você vai ler um conto de origem africana que traz importantes reflexões e ensinamentos. Vamos conhecê-lo?

Os três irmãos

Três irmãos, há muito e muito tempo, viviam em uma pequena aldeia no antigo reino do Congo. Os rapazes eram perdidamente apaixonados pela princesa real. Mas, como eram simples aldeões, sabiam que nenhum deles poderia se casar com a moça.

Desiludidos, os três saíram mundo afora, em busca de uma nova vida. Andaram, andaram e andaram, durante dias e noites infindáveis, através de florestas e desertos, até alcançarem um povoado oculto entre as montanhas. Apavorados, descobriram que o misterioso lugar era habitado por seres dotados de poderes sobrenaturais.

Os três, imediatamente, foram aprisionados e obrigados a trabalhar como escravos. Como um sempre ajudava os outros, todas as tarefas foram concluídas. Por isso, após um ano de cativeiro, foram soltos. E, como prêmio pelos serviços prestados, cada um recebeu um presente mágico.

O irmão mais velho ganhou um espelho, no qual podia ver qualquer coisa que estivesse acontecendo. O do meio ganhou um tapete voador, capaz de levar seu dono aos lugares mais distantes, numa velocidade impressionante. E o irmão mais novo ganhou uma rede de malhas de aço, com a qual podia capturar o que quisesse.

À noite, o irmão mais velho viu em seu espelho que a princesa, por quem ainda eram enamorados, iria se casar naquele exato instante com um monstro que havia se disfarçado de humano.

Os três, na mesma hora, subiram no tapete do irmão do meio e, cruzando os ares, chegaram bem a tempo de interromper a cerimônia. E, graças à rede do irmão mais novo, aprisionaram o monstro.

O rei, agradecido, resolveu dar a filha em casamento a um dos rapazes. Mas ele pensou, pensou e não conseguiu escolher nenhum dos três. Pois, de acordo com os conselheiros reais, todos os irmãos haviam tido um papel importante na história.

[...]

BARBOSA, Rogério Andrade. Os três irmãos. **Folha de S.Paulo**, São Paulo, 18 nov. 2006. Folhinha, p. 7. Folhapress.

COMPREENDENDO

1. O texto apresenta momentos de ternura entre os irmãos. Mostra, ainda, companheirismo entre eles. Você já precisou da ajuda de um irmão ou de alguém parecido para resolver algum problema seu? Conte para os seus colegas como foi essa experiência.

2. No início do texto, os três irmãos sabem que não irão se casar com a princesa. Por que eles têm certeza disso? Reflita e troque ideias com seus colegas.

3. Desiludidos, os irmãos saem da aldeia para procurar uma nova vida.

A. O que aconteceu com eles logo após a saída da aldeia?

_____

_____

B. Como os irmãos conseguiram concluir as tarefas atribuídas a cada um deles? Que recompensa eles ganharam após o término das tarefas?

_____

_____

4. Sobre o título, responda às seguintes questões.

A. Assinale as alternativas que apresentam as funções de um título.

- ( ) Dar ao leitor uma ideia do assunto tratado no texto.
- ( ) Chamar a atenção do leitor.
- ( ) Resumir a história.
- ( ) Instigar a leitura.
- ( ) Criar uma expectativa no leitor.
- ( ) Entregar o final da história.

B. Quais elementos da narrativa são destacados no título do conto lido?

_____

C. Você acha o título do texto adequado à história? Justifique sua resposta.

_____

D. Que outro título você daria a esse texto?

_____

5. Releia o último parágrafo do texto da página **36**. Imagine o que teria acontecido se um deles tivesse aceitado o convite do rei. Crie um desfecho para a história com essa possibilidade.

ATITUDE CIDADÃ

Ainda hoje, em algumas culturas, é comum o pai escolher com quem a filha deve se casar. O que você pensa sobre isso? Troque ideias com seus colegas.

EXPLORANDO O CONTO POPULAR

1. Assim como a fábula, os contos populares são textos ficcionais. Leia os títulos a seguir e marque **R** (real) ou **F** (ficcional).

◯ A vida de Tom Jobim (biografia).

◯ A lebre e a tartaruga (fábula).

◯ A lenda da mandioca (lenda).

◯ A moda da culinária *gourmet* (notícia).

2. Em muitos contos populares, é comum a presença de objetos mágicos.

A. Por que os três irmãos ganharam objetos mágicos? O que cada um deles ganhou?

B. Explique a importância desses objetos mágicos para a história.

3. Uma das características dos contos populares é transmitir ensinamentos ao leitor. Comente com seus colegas o que você aprendeu ao ler esse conto.

_____

_____

_____

4. O conto popular apresenta personagens que ajudam a construir a narrativa. Escreva qual personagem da história corresponde às classificações do quadro.

PROTAGONISTAS	SECUNDÁRIOS

5. Nas narrativas, podem ser apresentadas as características físicas e psicológicas dos personagens, conforme estudado no capítulo anterior.

A. É possível identificar as características físicas dos personagens principais do conto lido? Por quê?

_____

_____

B. Muitas vezes, são as próprias atitudes dos personagens que revelam suas características psicológicas. Analise o comportamento dos três irmãos e circule as características psicológicas que podem ser atribuídas a eles.

BONS   MALVADOS   FAMINTOS   APAIXONADOS

DETERMINADOS   ESPERTOS   CORAJOSOS   ALTRUÍSTAS

6. O conjunto de fatos que compõem uma narrativa recebe o nome de **enredo**. Geralmente, o enredo é composto das seguintes partes:

> **A. Situação inicial:** situação de tranquilidade em que são apresentados os protagonistas e os fatos.
>
> **B. Complicação ou conflito:** fato que determina a quebra da tranquilidade por causa do surgimento de um problema/uma complicação. Nessa parte do enredo, há uma sucessão de acontecimentos que tornam a narrativa interessante e movimentada.
>
> **C. Clímax:** momento de maior tensão da narrativa, marcado por um confronto ou dificuldade.
>
> **D. Desfecho:** é o final da narrativa. Geralmente, no desfecho, a paz e a harmonia são restabelecidas na vida do protagonista.

Identifique no trecho do conto popular "Os três irmãos" cada uma dessas partes nas sequências a seguir. Utilize a seguinte legenda: **A** (situação inicial); **B** (complicação ou conflito); **C** (clímax); **D** (desfecho).

( ) Juntos, os irmãos utilizam os presentes que ganharam e salvam a princesa.

( ) Os irmãos, desiludidos, decidem se aventurar em outro lugar.

( ) O pai da princesa tenta decidir qual dos irmãos irá se casar com sua filha.

( ) Após desenvolverem todas as suas tarefas, os irmãos ganham presentes mágicos. Um deles ganha um espelho que revela que a princesa está em apuros.

7. Os fatos de uma história acontecem em determinado tempo, que pode se referir à época em que ela ocorre ou à duração da história. O tempo dessa história é caracterizado como cronológico ou psicológico? Explique.

> **Cronológico:** é o tempo que segue a ordem linear dos fatos.
>
> **Psicológico:** é um tempo determinado pelo desejo ou imaginação do personagem, por isso não segue a ordem linear dos fatos.

_____

_____

8. O lugar em um texto narrativo diz respeito ao espaço em que os fatos se desenvolvem. Em que local ocorrem os fatos na história "Os três irmãos"?

_____

_____

9. Tanto o tempo quanto o espaço são elementos apresentados de forma pouco definida no conto. Por que isso acontece nos contos populares?

> Nos contos populares, o **tempo** é vago e indeterminado, ajudando a criar um texto atemporal. Quanto ao **espaço**, esse gênero normalmente não traz uma especificação exata do ambiente, do lugar. Não há, por exemplo, identificação de nome de reinos, florestas, países ou cidades, contribuindo para a representação de um mundo imaginário.

10. Leia agora este outro conto.

Quanto vale um rei?

Certo rei, tolo e presunçoso, perguntou a seu sábio — e ousado — bobo da corte:

— Diga-me com sinceridade, caro bobo: quanto você acha que eu valho?

— Mil e duzentas moedas de ouro — respondeu o bobo, sem pestanejar.

O rei ficou indignado:

— Só isso? Você não pensa no que diz?! Fique sabendo que só a coroa que uso vale mil e duzentas moedas de ouro!

— Pois foi exatamente o que calculei — disse, inabalável, o bobo.

PAMPLONA, Rosane; MAGALHÃES, Sônia (Il.). Quanto vale um rei?. In: _____. **O homem que contava histórias**. São Paulo: Escarlate, 2015. p. 12-13.

Nesse conto, o narrador revela algumas características psicológicas do rei demonstradas em algumas atitudes suas. Que características são essas?

---

11. Releia os contos populares "Os três irmãos" e "Quanto vale um rei?". Compare-os para identificar algumas das características do gênero. Para isso, responda às perguntas do quadro abaixo.

OS TRÊS IRMÃOS | QUANTO VALE UM REI?

Quem é o protagonista da história?

Qual é o tipo de narrador da história?

O espaço onde a história se passa é descrito com clareza?

O tempo é marcado na história?

Qual é o ensinamento da história?

12. Leia os trechos a seguir.

A

Estou começando um novo diário. O último eu enchi num instante, contando a aventura grilante em que eu e meus amigos do peito nos metemos nas férias de julho. Galera, foi de arrepiar a pele!

CARR, Stella. **Segure o grito!**. São Paulo: Scipione, 1994. p. 5.

B

Este, quem me contou foi o Campomizzi. Aliás, dobro a língua: doutor José Campomizzi Filho. Já ouviu falar dele? Foi promotor aqui na região, dava aula no ginásio e no colégio, escrevia no jornal, vivia fazendo discurso. Hoje mora na Capital, toca um posto importante, é uma espécie de chefe de promotor, não sei como é que chama o nome direito não.

Se o caso foi com ele mesmo? Não. Sucedeu com o doutor Levindo Coelho, chefe político famoso no Estado inteiro. [...]

ROMANO, Olavo. **Minas e seus casos**. São Paulo: Ática, 1984. p. 41.

C

O céu estava escurecendo rapidamente, fechado, com nuvens escuras, quase pretas, anunciando uma tempestade de trovões, relâmpagos e água pesada. Manezinho apressou o passo na estrada deserta meio sem saber o que fazer. Tinha pegado uma carona até o trevo e agora caminhava em direção à cidade que se escondia do lado de lá da pequena montanha. Quase uma hora de caminhada e via apenas a estradinha se espichando em direção ao monte de terra. Tomaria chuva, com certeza. No máximo, tentaria se esconder debaixo de uma daquelas arvorezinhas raquíticas que margeavam o caminho. A escuridão aumentou ainda mais, fazendo com que ele, um homem danado de corajoso, tivesse medo do temporal e do aguaceiro que estavam para vir. [...]

GARCIA, Edson Gabriel. O casal de velhos. In: _____. **Sete gritos de terror**. São Paulo: Moderna, 1991. p. 17. (Veredas).

Com base nas características do conto que você estudou, qual dos trechos acima se refere a outro exemplo de conto popular?

13. Agora, observe a tela a seguir. Descreva a imagem apresentando o personagem, suas ações e o espaço onde ocorrem os fatos.

_____
_____
_____
_____
_____
_____
_____
_____
_____

Caspar David Friedrich. 1818. Óleo sobre tela, 95 cm x 75 cm. Museu Kunsthalle Hamburg, Hamburgo (Alemanha).

FRIEDRICH, Caspar David. **Caminhante sobre o mar de névoa**. 1818. Óleo sobre tela, 95 cm x 75 cm.

Os **contos populares** são textos narrativos que têm por objetivo trazer ensinamentos e reflexões sobre situações cotidianas. Divulgados de forma oral e escrita, têm sido transmitidos de geração a geração, tratando sobre costumes, superstições e crenças de pessoas comuns. Em virtude da indefinição do tempo e do não detalhamento do espaço, são narrativas atemporais.

ESQUEMATIZANDO

CONTO POPULAR

OBJETIVO
Apresentar ensinamentos de vida.

PÚBLICO-ALVO
Público em geral.

CARACTERÍSTICAS
- Elementos da narrativa.
- Traz um ensinamento.
- Aborda costumes, superstições e crenças de um povo.

SUGESTÃO DE FILME

Filme de Luiz Alberto Pereira. Tapete vermelho. Portugal, Brasil e México. 2006.

O filme **Tapete vermelho**, protagonizado por Matheus Nachtergaele, conta a história de Quinzinho, um pai que promete ao filho levá-lo para assistir a um filme de Mazzaropi. Ao longo dessa aventura, eles se deparam com diversas histórias que costumam ser divulgadas em contos populares e refletem as crendices e a cultura popular brasileiras.

Capa do DVD **Tapete vermelho**, dirigido por Luiz Alberto Pereira, lançado em 2006.

AMPLIANDO A LINGUAGEM

FOCO NARRATIVO

1. Chamamos de **foco narrativo** o ponto de vista utilizado pelo narrador para contar uma história.

> **Foco narrativo em 3ª pessoa** – o narrador não participa ativamente dos fatos relatados. Dessa forma, a narrativa assume um caráter mais objetivo, tendo em vista que o narrador observa a história e transmite para os leitores o que vê.
>
> **Foco narrativo em 1ª pessoa** – o narrador é também um personagem, podendo contar uma história sobre ele mesmo ou sobre outro personagem. Por essa razão, traços subjetivos podem se manifestar, tendo em vista o envolvimento emocional do narrador na história.

Agora, releia este trecho do conto "Os três irmãos".

> Três irmãos, há muito e muito tempo, viviam em uma pequena aldeia no antigo reino do Congo. Os rapazes eram perdidamente apaixonados pela princesa real. Mas, como eram simples aldeões, sabiam que nenhum deles poderia se casar com a moça.
>
> Desiludidos, os três saíram mundo afora, em busca de uma nova vida. Andaram, andaram e andaram, durante dias e noites infindáveis, através de florestas e desertos, até alcançarem um povoado oculto entre as montanhas. Apavorados, descobriram que o misterioso lugar era habitado por seres dotados de poderes sobrenaturais.
>
> [...]

Art Capri

A. O texto lido apresenta qual foco narrativo?

_____

B. Como você identificou isso?

_____
_____
_____
_____
_____
_____
_____

> O **foco narrativo** apresenta a perspectiva pela qual o narrador opta para relatar os acontecimentos de uma história.
>
> Outros nomes do foco narrativo: ponto de vista, visão da narrativa, perspectiva narrativa e aspecto da narrativa.

2. O texto a seguir é um trecho do diário da personagem Lúcia Helena. Leia-o.

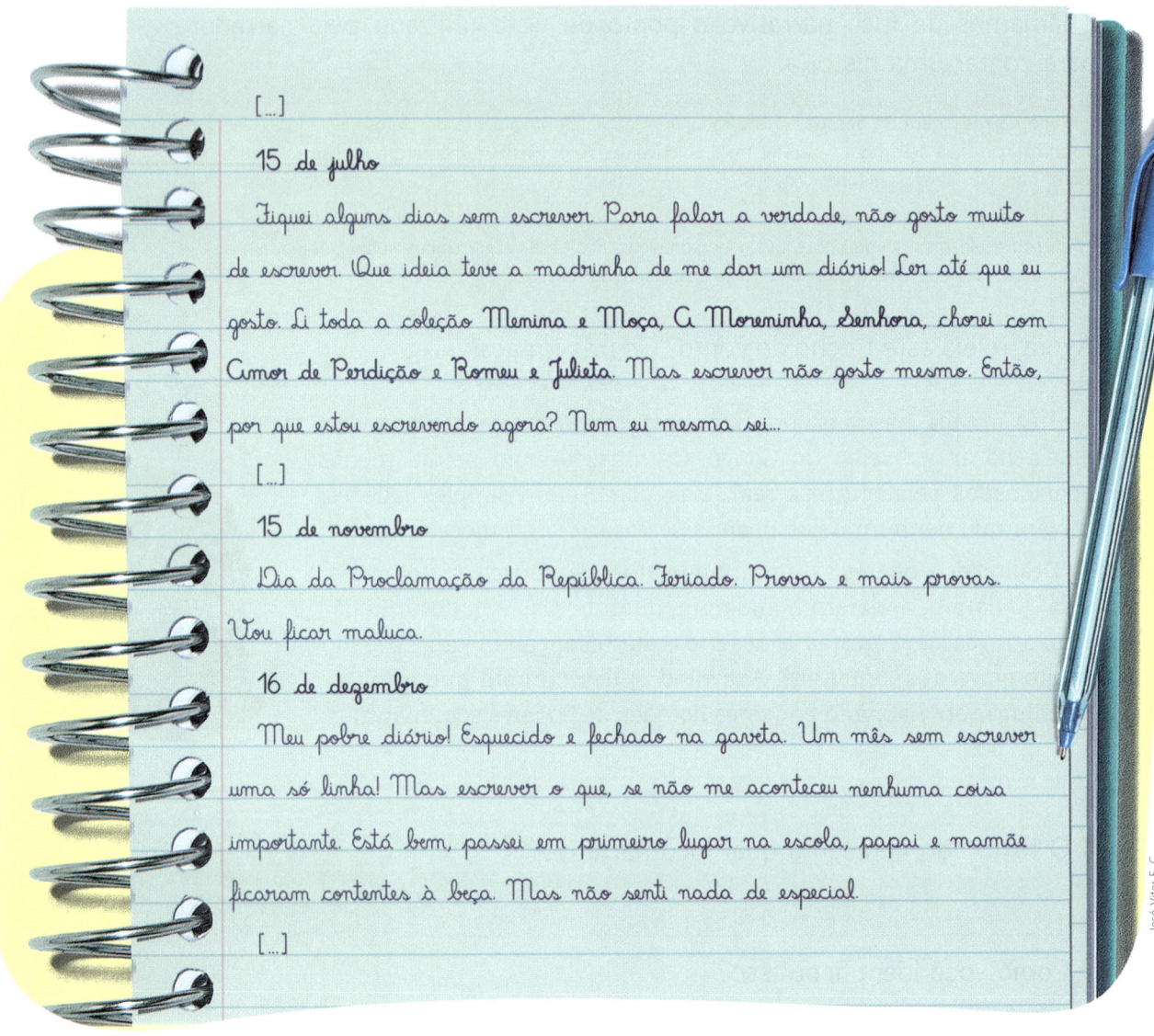

[...]

15 de julho

Fiquei alguns dias sem escrever. Para falar a verdade, não gosto muito de escrever. Que ideia teve a madrinha de me dar um diário! Ler até que eu gosto. Li toda a coleção Menina e Moça, A Moreninha, Senhora, chorei com Amor de Perdição e Romeu e Julieta. Mas escrever não gosto mesmo. Então, por que estou escrevendo agora? Nem eu mesma sei...

[...]

15 de novembro

Dia da Proclamação da República. Feriado. Provas e mais provas. Vou ficar maluca.

16 de dezembro

Meu pobre diário! Esquecido e fechado na gaveta. Um mês sem escrever uma só linha! Mas escrever o que, se não me aconteceu nenhuma coisa importante. Está bem, passei em primeiro lugar na escola, papai e mamãe ficaram contentes à beça. Mas não senti nada de especial.

[...]

GOMES, Álvaro Cardoso. **O diário de Lúcia Helena**. São Paulo: FTD, 1992. p. 5, 11.

A. Qual é o foco narrativo desse texto?

B. Por que esse tipo de foco ocorre nesse diário?

No capítulo anterior, você conheceu os tipos de narrador. Agora veja de que forma eles se relacionam com o foco narrativo:

- Quando um narrador é **narrador-observador** (aquele que apenas observa os acontecimentos), emprega-se o foco narrativo em 3ª pessoa.
- Quando um narrador é **narrador-personagem** (participa da história), emprega-se o foco narrativo em 1ª pessoa.

3. Leia os trechos de texto a seguir.

A

Acordei de repente com um barulho esquisito. Olhei pra janela e vi o dia nascendo. Outra vez o barulho. Quase morro de susto: era um canto de galo; e ali bem perto de mim.

Olhei minhas irmãs. Elas continuavam dormindo igualzinho, nem tinham ouvido canto nenhum. Espiei debaixo da cama, atrás da cadeira, dentro do armário — nada. Mas aí o galo cantou muito aflito: um canto assim de gente que tá presa e quer sair. "Tá dentro da bolsa amarela!" Abri a bolsa correndo. O galo saiu lá de dentro.

[...]

NUNES, Lygia Bojunga. **A bolsa amarela**. 2. ed. Rio de Janeiro: Agir, 1978. p. 33. (4 ventos).

B

Ela carregava a pasta contra o peito, e caminhava com estudada displicência — o que, de certo modo, disfarçava a deselegância do uniforme. Deu uma corridinha para atravessar a rua e depois se compenetrou, tentando fazer-se adulta. Logo se distraía, de vitrine em vitrine, com seu próprio corpo que passava, refletido no vidro — às vezes estacando para olhar um vestido, uma bolsa, um sapato. Bárbaro, murmurava.

[...]

SABINO, Fernando. Homem olhando o mar. In: _____. **A vitória da infância**. 7. ed. São Paulo: Ática, 2007. p. 91.

A. Classifique o tipo de narrador em cada um dos trechos acima.

TEXTO A _____   **TEXTO B** _____

B. O que mudaria em cada um dos textos caso o foco narrativo fosse diferente? Justifique sua resposta.

_____
_____
_____
_____

4. Escolha um trecho de uma narrativa de sua preferência e mude o tipo de narrador, ou seja, se o narrador for personagem, agora deverá ser observador e vice-versa.

_____
_____
_____
_____
_____
_____
_____
_____

5. Leia a tirinha a seguir.

Quadrinho 1: "E AÍ ELE FINALMENTE ESTAVA EM CASA COM SEU FIEL CÃO ADORMECIDO A SEUS PÉS."
Quadrinho 2: VIU? ALGUNS CÃES DORMEM AOS PÉS DE SEUS DONOS...
Quadrinho 4: Z

SCHULZ, Charles. **Snoopy e sua turma**: 1. Porto Alegre: L&PM, 2009. p. 18.

A. Com que finalidade o personagem lê um trecho de um livro para Snoopy?

_____
_____

B. No trecho do livro lido por Charlie Brown, qual é o tipo de narrador empregado? Explique como você identificou isso.

_____
_____
_____

6. Agora, crie um pequeno trecho para cada uma das situações apresentadas a seguir.

1ª OPÇÃO → Imagine um fato cômico ou dramático que tenha acontecido com você. Para contá-lo, empregue a 1ª pessoa.

_____
_____
_____
_____
_____
_____
_____
_____
_____

2ª OPÇÃO → Imagine um fato cômico ou dramático que tenha se passado com um colega, um familiar ou um conhecido. Para contá-lo, empregue a 3ª pessoa.

_____
_____
_____
_____
_____
_____
_____
_____
_____

PRODUÇÃO ESCRITA

CONTO POPULAR

Você leu o conto "Os três irmãos" e conheceu as características dessa forma de expressar a cultura, os costumes e a tradição de um povo. Os contos populares, como você viu, trazem ensinamentos valiosos para a vida.

Agora é a sua vez de criar um conto popular. Leve em consideração todos os aspectos do contexto de produção de seu texto, para que seu conto alcance o objetivo a que se propõe. Observe quais são esses aspectos.

O que vou produzir?	Para quem?	Onde será publicado?
Conto (ou reconto) popular.	Colegas de escola e convidados do evento Festival de Contos Populares.	Festival de Contos Populares.

PLANEJANDO O CONTO POPULAR

Seguem duas propostas para você criar um conto popular. Leia e escolha uma delas.

PROPOSTA 1

Produzir um conto popular com base em uma história contada por um familiar.

Para isso, pergunte a alguém da sua família se conhece uma história popular que apresente um ensinamento. Conforme a pessoa for lhe contando, faça as anotações que achar importante. Você irá precisar delas para compor sua história final.

PROPOSTA 2

Produzir um conto popular sobre alguma história ocorrida nos dias atuais e na região em que você vive. Poderá, por exemplo, utilizar como personagens pessoas do seu convívio.

No entanto, lembre que a história precisa trazer um ensinamento, além de passar informações que demonstrem a vida atual em sociedade. Por exemplo, se em um conto popular tradicional a princesa é a heroína da história, aqui a personagem principal pode ser uma garota muito corajosa e cheia de atitude. Solte sua imaginação!

Leia as orientações a seguir e comece a pensar em sua história.

A. Primeiro, defina qual proposta você produzirá e especifique os personagens e lugares que são típicos dos contos populares para incluir na sua produção.

B. Liste os nomes dos personagens do conto popular escolhido, procurando especificar qual deles será o protagonista e se haverá antagonista e personagens secundários. Registre essas informações a seguir.

TIPOS DE PERSONAGENS

Protagonista	
Antagonista (se houver)	
Personagens secundários (se houver)	

C. Pense no enredo da sua história, definindo a situação inicial, o conflito, o clímax e o desfecho. Para que você possa se organizar melhor durante a produção, anote cada parte do seu enredo no quadro.

ESTRUTURA DO ENREDO

Situação inicial	
Complicação/conflito	
Clímax	
Desfecho	

D. Pense em lugares onde poderão ocorrer os fatos da sua história, sem apresentá-los com exatidão geográfica.

E. Defina o tipo de narrador que contará a história.

F. Avalie se em seu enredo haverá objetos mágicos que serão atribuídos aos personagens como recompensa por alguma ação virtuosa.

G. Reflita a respeito do ensinamento que você quer passar para os seus leitores. Além disso, pense se sua história pode apresentar situações criativas e divertidas.

PRODUZINDO O CONTO POPULAR

Veja algumas instruções para produzir seu conto popular.

A. Inicie a história lembrando-se de que as definições de tempo (indeterminado) e espaço (sem detalhamentos) devem seguir as mesmas características do que foi planejado na etapa anterior; o(a) protagonista deve ser apresentado(a); há uma situação de tranquilidade inicial que será quebrada.

B. Se achar interessante, escreva os fatos em sequência cronológica, envolvendo os personagens em situações incomuns para provocar humor.

C. Empregue uma linguagem adequada à situação comunicativa.

D. Crie um título que chame a atenção do público.

AVALIANDO O CONTO POPULAR

Depois de pronto, avalie seu texto com base nas seguintes questões.

	👍	👎
Foi feita referência ao tempo sem especificá-lo?		
Foram indicados lugares sem detalhá-los?		
Todas as partes da narrativa (situação inicial, conflito, clímax e desfecho) estão bem marcadas?		
O enredo produzido respeita a sequência cronológica dos fatos em uma narrativa?		
A linguagem empregada é adequada aos personagens e ao contexto da história?		
O título do texto está coerente com a história?		

Anote a seguir os itens que você precisa melhorar no seu texto.

LISTA DE ADEQUAÇÕES

1. _____
_____

2. _____
_____

3. _____
_____

4. _____
_____

Com base nos itens da lista de adequações acima, faça as alterações necessárias no seu texto.

FESTIVAL DE CONTOS POPULARES

Combine com o professor quando será o evento na escola. Lembre-se de convidar seus familiares e amigos para prestigiar seus trabalhos. É importante, antes do dia do evento, treinar bem a apresentação oral do conto, de modo que você se sinta seguro ao contá-lo.

> VOCÊ PODE TREINAR EM CASA, DE FRENTE PARA O ESPELHO, OU NARRAR O CONTO PARA SEUS FAMILIARES.

No dia da apresentação, procure falar pausadamente e use um tom de voz adequado para que todos possam ouvir você. Pronuncie as palavras de forma correta e com clareza e evite a repetição de expressões como **aí**, **daí**, **né**, **tá entendendo**, **tipo**, a não ser quando necessário, como em diálogos ou narrações (se o foco narrativo estiver em 1ª pessoa), para caracterizar os personagens.

Para prender a atenção dos ouvintes, é fundamental narrar a história com expressividade e entusiasmo, utilizando gestos, mímicas, expressões faciais e até efeitos sonoros produzidos, por exemplo, com a boca, com as mãos ou com os pés.

UNIDADE 2
TIRINHA E HISTÓRIA EM QUADRINHOS

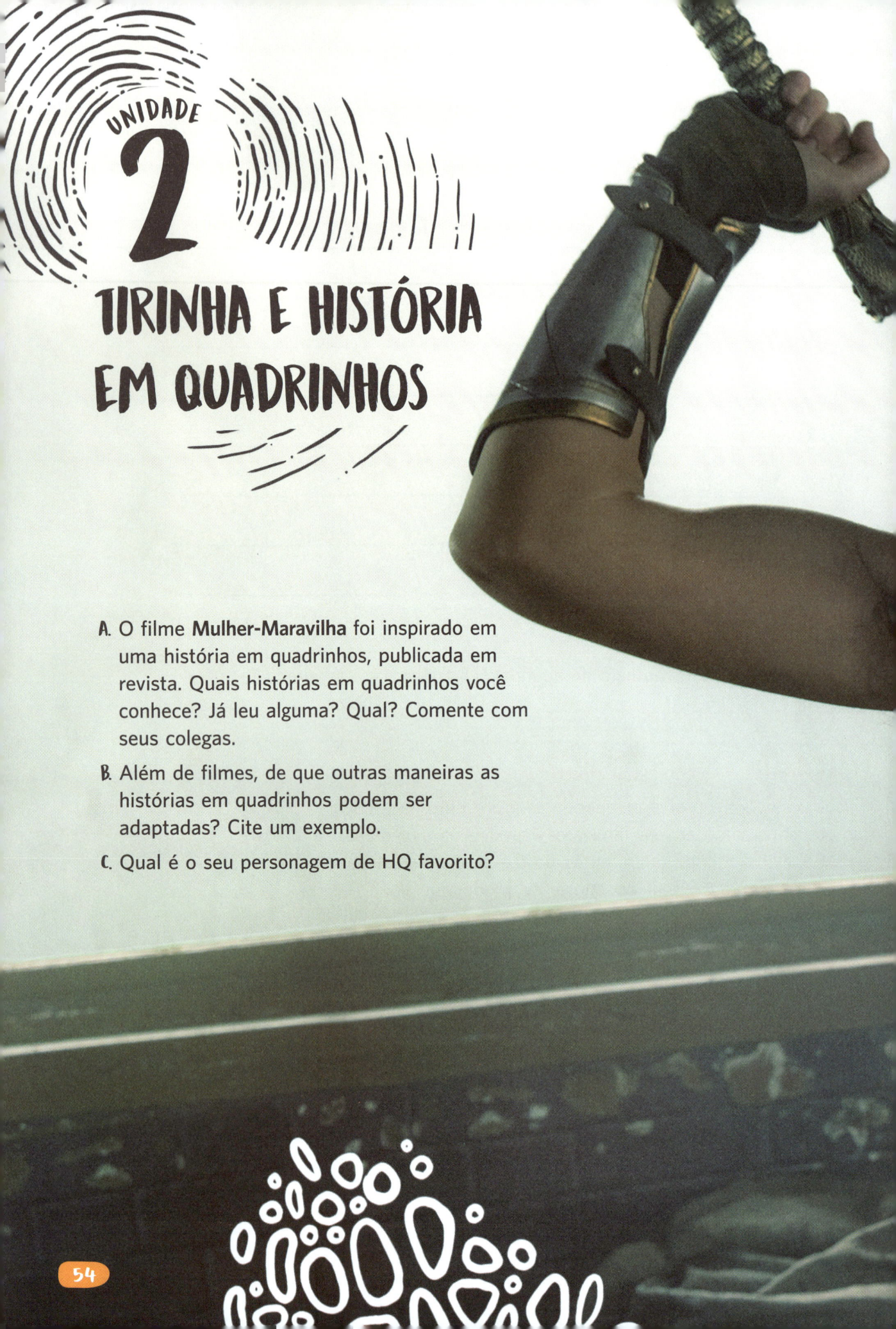

A. O filme **Mulher-Maravilha** foi inspirado em uma história em quadrinhos, publicada em revista. Quais histórias em quadrinhos você conhece? Já leu alguma? Qual? Comente com seus colegas.

B. Além de filmes, de que outras maneiras as histórias em quadrinhos podem ser adaptadas? Cite um exemplo.

C. Qual é o seu personagem de HQ favorito?

Fotograma do filme **Mulher-Maravilha**, dirigido por Patty Jenkins, lançado em 2017.

CAPÍTULO 3

TIRINHA

CONTEXTUALIZANDO

Neste capítulo, estudaremos uma tirinha da **Turma do Xaxado**, escrita pelo cartunista Antônio Cedraz. Para compreender melhor esse gênero textual, leia as informações sobre a origem da arte sequencial e, a seguir, sobre o autor dessa tirinha.

ARTE SEQUENCIAL

O ser humano sempre buscou formas de se comunicar, empregando não só a língua escrita, mas diferentes linguagens, como a fala, a música, a pintura, os gestos e a língua de sinais.

Os desenhos são usados para contar histórias muito antes dos quadrinhos como conhecemos hoje. A comunicação por meio de imagens dispostas em uma sequência lógica é chamada de arte sequencial. Veja quais são suas formas mais remotas.

Pintura egípcia representando o trabalho agrícola no século XVI a.C.

- **Pintura egípcia**: assim como os hieróglifos, as pinturas egípcias também eram utilizadas para comunicação. Cenas eram pintadas em tumbas, contando histórias, que deveriam ser lidas de baixo para cima e em zigue-zague.
- **Manuscritos astecas**: atribui-se ao conquistador espanhol Hernán Cortés o achado, em 1519, de um manuscrito que contava uma história cujo herói chamava-se Garras de Jaguatirica. A narrativa devia ser lida da esquerda para a direita e em zigue-zague.
- **Tapeçaria de Bayeux**: é um imenso tapete bordado que descreve os principais eventos da conquista da Inglaterra pelos normandos, iniciada em 1066. A tapeçaria deve ser lida da esquerda para a direita e não há divisões exatas das cenas, que são separadas por assunto.

ANTÔNIO CEDRAZ (1945-2014)

Foto do autor Antônio Cedraz.

Antônio Cedraz nasceu e cresceu no interior da Bahia. Aos 10 anos, Cedraz mudou-se com a família para Jacobina, onde teve o primeiro contato com as histórias em quadrinhos. Como cartunista, criou vários personagens e muitos de seus trabalhos foram publicados em diversos jornais de todo o Brasil. Além disso, ganhou prêmios nacionais e internacionais. Seu trabalho mais conhecido é a Turma do Xaxado, formada por personagens tipicamente brasileiros, vivendo histórias que falam de nosso país e nossa cultura.

CONVERSANDO

- Você sabe de que forma uma tirinha é organizada?
- Você gosta de alguma tirinha em particular? Quais são os personagens principais dela?

LENDO

Algumas histórias são contadas em poucos quadrinhos. Vamos ver?

ADORO QUANDO ELE TÁ DE FORGA!

CEDRAZ, Antônio. **1000 tiras em quadrinhos da Turma do Xaxado**. Salvador: Editora e Estúdio Cedraz, 2009. p. 97.

ZÉ PEQUENO E SUA TURMA

Zé Pequeno, personagem que faz parte da Turma do Xaxado, mora no interior nordestino. Ele tem fama de ser um menino preguiçoso, mas, na verdade, é um garoto esperto e aventureiro, que gosta de pescar, ouvir música, tomar banho no rio, subir em árvore, passear de jumento, entre outros divertimentos.

Veja os principais companheiros de Zé Pequeno em suas aventuras.

ZÉ PEQUENO

XAXADO

MARIETA

ARTURZINHO

MARINÊS

CAPIBA

COMPREENDENDO

1. O que essa tirinha despertou em você? Troque ideias com seus colegas.

2. Ao ver o primeiro quadro, quem você imaginou que usava o lápis?

3. Em que momento foi possível identificar quem realmente estava desenhando a tirinha?

4. Quando você viu o primeiro quadro, o que achava que iria acontecer? No final, aconteceu o que você esperava? Por quê?

_____
_____
_____

5. Ao observar a tirinha, podemos conhecer um pouco das características do personagem, como as coisas que ele gosta de fazer. Que coisas são essas?

_____
_____

6. Nos dois primeiros quadrinhos, há imagens que sugerem ao leitor o local onde se passa a história? Justifique sua resposta.

_____
_____
_____

7. Em qual quadrinho ocorre a quebra dessa expectativa? Qual é o lugar onde o personagem, de fato, está?

_____
_____
_____

8. Observe novamente o último quadrinho e leia a fala do personagem.

A. A quem o personagem está se referindo ao empregar a palavra **ele**?

○ A ele mesmo, Zé Pequeno.

○ Ao autor, Antônio Cedraz.

○ Ao narrador da história.

B. O que Zé Pequeno quer dizer com a fala do último quadrinho?

○ Quando o autor (Antônio Cedraz) está de folga, Zé Pequeno não gosta, pois precisa trabalhar em seu lugar.

○ Quando o autor (Antônio Cedraz) está de folga, Zé Pequeno pode desenhar a tirinha com as coisas de que ele mais gosta.

EXPLORANDO A TIRINHA

1. As cenas de uma tirinha são organizadas em uma sequência de quadros. Observe a disposição dos quadrinhos na tirinha. Assinale a alternativa que mostra a direção em que a leitura de uma tirinha é feita.

○ NA VERTICAL ↓

○ NA HORIZONTAL →

○ NA DIAGONAL ↘

2. Observe a expressão facial de Zé Pequeno no último quadrinho. O que ela indica?

_____

3. No último quadrinho da tirinha, foi empregado um recurso visual que se assemelha a aspas (" "). Com que intenção esse recurso foi utilizado?

_____

_____

4. Nas tirinhas, os **balões**, além de representar as falas dos personagens, são empregados para exprimir suas emoções e, para isso, apresentam um formato variado, complementando a informação.

A. A ausência de balões no primeiro, segundo e terceiro quadrinhos compromete o sentido da tirinha? Por quê?

_____
_____
_____

B. Caso não houvesse um balão de fala no último quadrinho, o sentido da tirinha seria comprometido? Justifique sua resposta.

_____
_____
_____
_____

5. Uma tirinha pode ser apresentada apenas por imagens ou pela associação entre imagens e palavras. Observe os quadrinhos da tirinha lida e marque em qual deles há os dois tipos de linguagem.

6. Imagine que você é um personagem de uma tirinha e está na mesma situação que Zé Pequeno. Faça um esboço no espaço abaixo indicando o que você desenharia na tirinha se o seu autor estivesse de folga.

A **tirinha** é uma história apresentada em uma sequência de quadros. A situação ilustrada envolve poucos personagens e ocorre em um tempo e espaço bem delimitado. As tirinhas mostram essencialmente imagens, mas podem conter também textos verbais, que complementam as imagens ilustradas.

Esse gênero pode ser publicado em diversos veículos de comunicação, como revistas, livros, jornais ou *sites* da internet.

SUGESTÃO DE SITE

No *site* **Universo HQ**, você pode encontrar informações sobre personagens, autores, filmes baseados em quadrinhos, entre outros tipos de publicações.

Além disso, são apresentadas entrevistas, notícias, reportagens, vídeos, *podcasts* e outras curiosidades sobre o mundo dos quadrinhos.

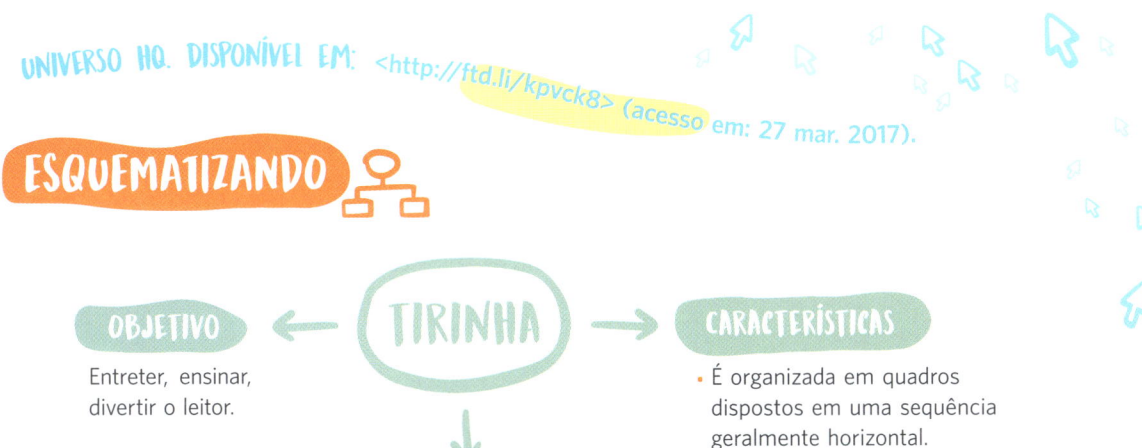

UNIVERSO HQ. DISPONÍVEL EM: <http://ftd.li/kpvck8> (acesso em: 27 mar. 2017).

ESQUEMATIZANDO

TIRINHA

OBJETIVO
Entreter, ensinar, divertir o leitor.

PÚBLICO-ALVO
Público em geral.

CARACTERÍSTICAS
- É organizada em quadros dispostos em uma sequência geralmente horizontal.
- Pode apresentar apenas imagens ou imagens associadas a texto.
- Pode apresentar balões de falas.

AMPLIANDO A LINGUAGEM

LINGUAGEM VERBAL, NÃO VERBAL E MISTA

A linguagem é algo que faz parte do ser humano. No nosso dia a dia, ela é empregada de diversas formas para estabelecer a comunicação.

Quando fala ou escreve, o ser humano faz uso da chamada **linguagem verbal**, empregando, para isso, palavras.

Quando utilizamos imagens, danças, sons, gestos, expressões fisionômicas e cores para nos comunicar, fazemos uso da **linguagem não verbal**.

Quando usamos tanto a linguagem não verbal quanto a verbal, de modo que elas se complementem, estamos utilizando uma **linguagem mista**.

Veja, a seguir, um cartum que apresenta uma importante crítica sobre uma situação cotidiana.

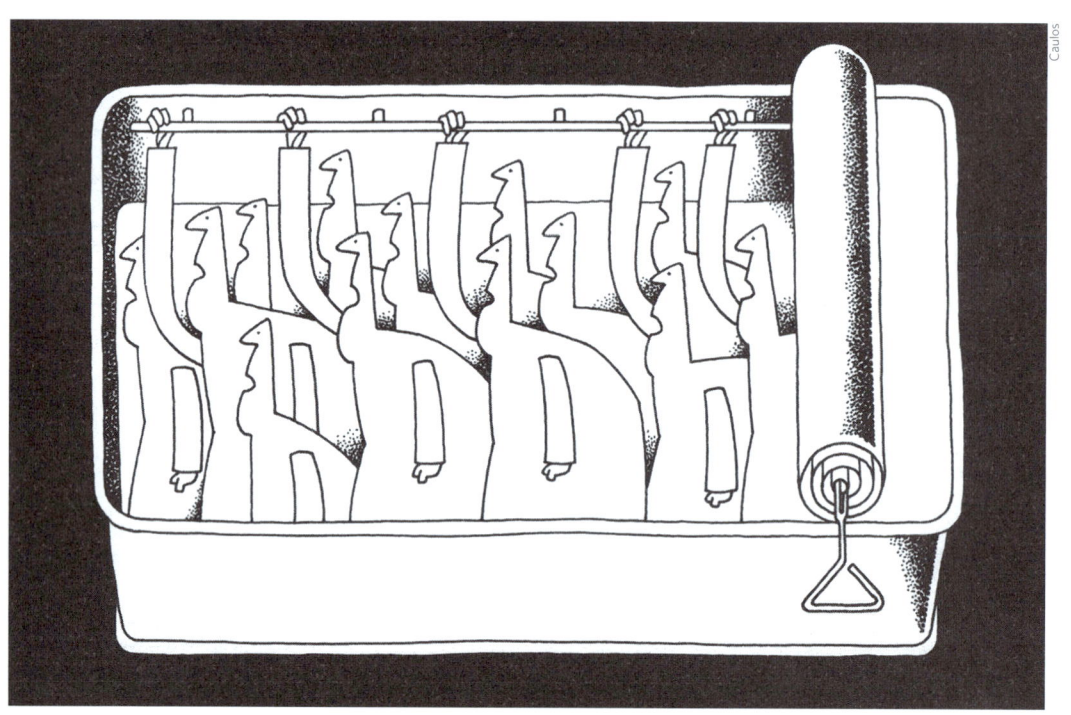

CAULOS. **Só dói quando eu respiro**. Porto Alegre: L&PM, 1976. p. 94.

1. Que linguagem foi empregada nesse cartum?

_____

2. A imagem do cartum remete-se a uma cena do cotidiano. Explique essa cena.

_____

_____

3. Qual crítica é possível identificar nesse cartum?

_____

4. Agora leia a receita a seguir.

A. Qual é o tipo de linguagem empregada nesse texto?

_____

B. Se essa receita fosse composta apenas por imagens (fotografias ou ilustrações), indicando os ingredientes e o modo de preparo, a compreensão seria a mesma? Por quê?

_____

_____

_____

_____

Vampiro Enganado

Ingredientes
1 copo de suco de uva
1 cenoura raspada e cortada em pedaços
1 tomate maduro
1 laranja descascada e cortada em pedaços, sem semente

Modo de fazer
1 - Coloque no liquidificador a laranja e a cenoura e triture bem.
2 - Acrescente o tomate e o suco de uva.
3 - Junte dois ou três cubos de gelo e uma colher de sopa de açúcar.
4 - Desligue o aparelho e passe a bebida por um coador para retirar as fibras que tenham ficado. Sirva em copos altos.

PINTO, Ziraldo Alves. **O livro de receitas do Menino Maluquinho**: receitas da Tia Emma. Porto Alegre: L&PM, 1996. p. 18.

5. Observe esta tirinha.

LAERTE. **Gato e Gata + um micoleão**. São Paulo: Ensaio, 1995. p. 77.

A. Para se comunicar com o leitor, nessa tirinha foi empregada uma linguagem mista: linguagem verbal e linguagem não verbal. Explique a relação entre essas duas linguagens nesse contexto.

_____

_____

B. A tirinha teria o mesmo efeito de humor caso a linguagem verbal não fosse empregada? Justifique sua resposta.

_____

_____

C. E se a linguagem não verbal fosse suprimida, a tirinha manteria o mesmo efeito de humor? Justifique sua resposta.

_____

_____

6. Observe as placas de sinalização a seguir.

A. Qual é a linguagem presente nessas placas?

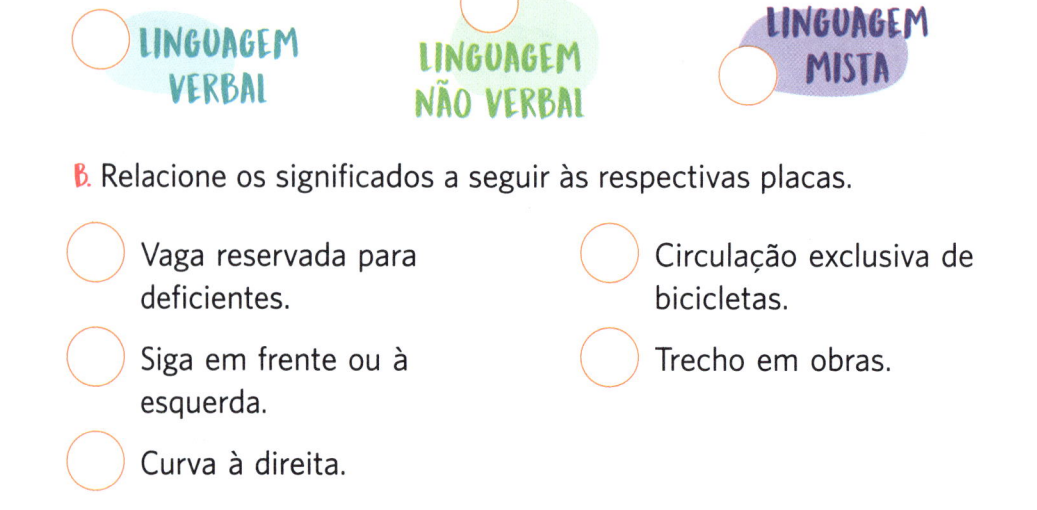

○ LINGUAGEM VERBAL   ○ LINGUAGEM NÃO VERBAL   ○ LINGUAGEM MISTA

B. Relacione os significados a seguir às respectivas placas.

○ Vaga reservada para deficientes.

○ Siga em frente ou à esquerda.

○ Curva à direita.

○ Circulação exclusiva de bicicletas.

○ Trecho em obras.

C. Explique por que, nessas placas, são utilizadas somente imagens e não textos.

_____
_____
_____
_____

7. Algumas obras de arte são predominantemente não verbais. Observe um exemplo.

Grafite em 3D, **Chineses tomando café da manhã**, em Songkhla, na Tailândia, em 2015.

A. O que está sendo representado nesse grafite?

_____
_____

B. Na legenda da imagem, é informado que esse grafite foi produzido em 3D. Explique que elementos contribuíram para esse efeito.

_____
_____

C. Reúna-se com um colega e reflitam: por que é importante, no dia a dia, sabermos ler as imagens?

_____
_____

8. Observe a seguir um cartaz de filme.

Cartaz do filme **Uma viagem extraordinária**, dirigido por Jean-Pierre Jeunet, lançado em 2014.

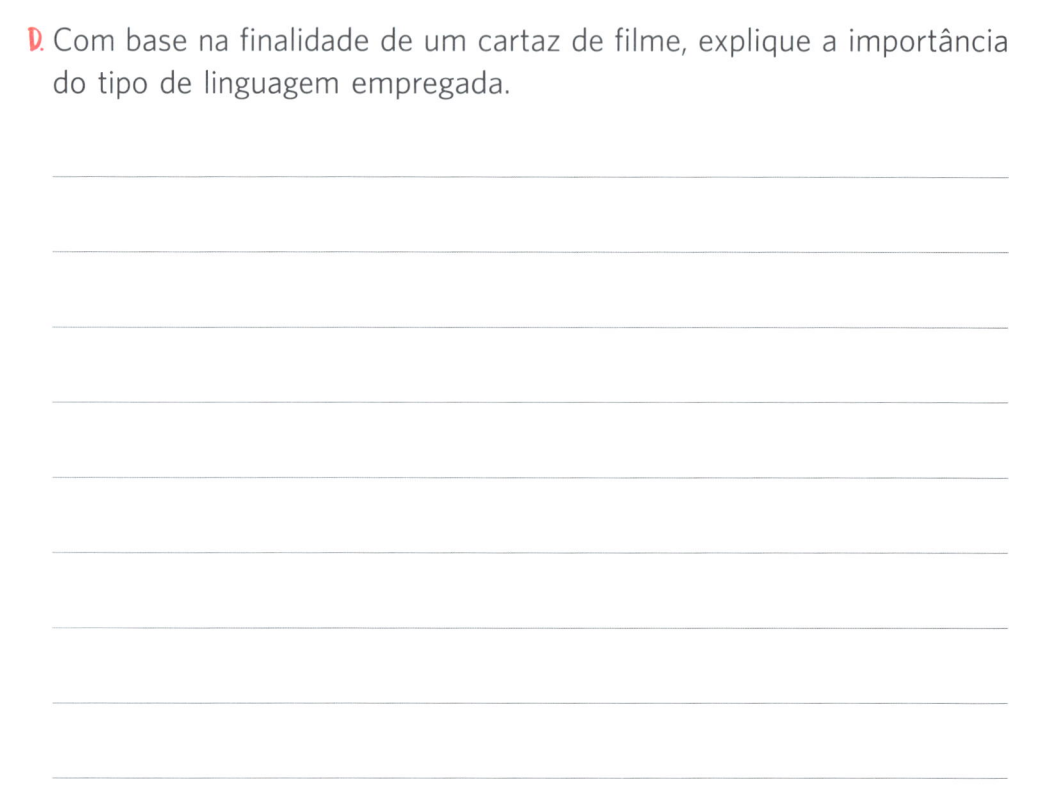

A. Você conhece o filme retratado no cartaz? Caso já o tenha visto, os elementos do cartaz têm relação com a história do filme? Comente com seus colegas.

B. Qual é a linguagem empregada no cartaz do filme?

_____
_____
_____

C. Com que objetivo um cartaz de filme é produzido?

_____
_____
_____
_____
_____

D. Com base na finalidade de um cartaz de filme, explique a importância do tipo de linguagem empregada.

_____
_____
_____
_____
_____
_____
_____
_____

PRODUÇÃO ESCRITA

TIRINHA

Agora é a sua vez de produzir uma tirinha. Antes disso, é importante considerar todos os aspectos do contexto de produção, para que ela alcance o objetivo a que se propõe. Observe quais são esses aspectos.

O que vou produzir?
→ Tirinha.

Para quem?
→ Comunidade escolar e externa.

Onde será publicado?
→ Exposição das tirinhas no mural da escola.

ROTEIRO DA TIRINHA

NOME DOS PERSONAGENS

_____
_____
_____
_____

DESCRIÇÃO DOS PERSONAGENS

_____
_____
_____
_____

CARACTERIZAÇÃO DO ESPAÇO

_____
_____
_____
_____

DEFINIÇÃO DO TEMPO

_____
_____
_____
_____

PLANEJANDO O ROTEIRO DA TIRINHA

Agora, você vai iniciar o planejamento da sua tirinha. Leia as orientações a seguir e pense em uma tirinha de três quadros.

A. Defina o roteiro da sua história.

B. Escolha os personagens que serão os protagonistas da história.

C. Defina quais serão as características físicas e psicológicas dos personagens.

D. Escolha um espaço, ou seja, o lugar em que a história irá se passar.

E. Defina o tempo em que se passará a história (durante o dia ou à noite).

Utilize o quadro ao lado e faça o registro desses levantamentos. Antes de produzir o esboço da sua tirinha, volte às informações marcadas aqui.

F. Anote, a seguir, uma descrição do enredo da sua história, ou seja, o que irá acontecer em cada um dos três quadros. Lembre-se de que, no último quadro, geralmente ocorre a quebra da expectativa inicial, podendo ter um efeito de humor.

QUADRO 1

_____

_____

QUADRO 2

_____

_____

QUADRO 3

_____

_____

G. Depois de elaborar o roteiro, é hora de pensar nas imagens que irão compor os quadros da sua tirinha. Para cada parte do enredo que você definiu, pense em uma imagem que a represente. Faça o esboço dessas imagens nestes quadros.

ESBOÇO DA TIRINHA

H. Caso sua história apresente texto verbal, você pode utilizar legendas ou balões de fala.

PRODUZINDO O ESBOÇO

Depois de definir os elementos essenciais de sua tirinha, comece a produzi-la. Veja algumas instruções.

A. Ilustre o cenário e os personagens nos quadros, de acordo com a sequência dos acontecimentos e com o planejamento.

B. Faça os balões e escreva o texto verbal de sua história. Lembre-se de que a parte verbal não pode ser longa por causa do espaço do quadrinho. Empregue fonte e letras expressivas, de acordo com os balões e as entonações das falas.

> Se necessário, para produzir sua tirinha, reveja as características desse gênero. Para isso, volte às questões que exploram essas características e à seção **Esquematizando**.

C. Lembre-se de indicar, no último quadrinho, o efeito que você quer para a história, como despertar o humor, apresentar um final triste ou, até mesmo, provocar uma reflexão crítica sobre um assunto.

D. Produza o esboço da tirinha no espaço abaixo.

ESBOÇO DA TIRINHA

AVALIANDO A TIRINHA

Depois de pronto o esboço, avalie-o com base nas questões a seguir.

	👍	👎
A tirinha apresenta personagem(ns)?		
Os cenários estão bem marcados?		
Se houver o texto verbal, ele foi utilizado de forma coerente com a imagem do quadro?		
As fontes e as letras são expressivas conforme a necessidade?		
O enredo da história apresenta início, meio e fim?		
O final da sua história quebrou a expectativa inicial?		

Anote a seguir os itens que você precisa melhorar na sua tirinha.

LISTA DE ADEQUAÇÕES

1. _____
_____

2. _____
_____

3. _____
_____

REALIZANDO O ACABAMENTO

A. Se a história apresentar texto verbal, finalize o contorno dos balões de falas e dos desenhos.

B. Caso opte por uma tirinha colorida, use lápis de cor ou outro material para pintar os personagens e os cenários.

> Com base na lista de adequações acima, produza a versão definitiva da sua tirinha em uma folha de sulfite. Após a avaliação, faça o acabamento de sua tirinha.

EXPOSIÇÃO DE TIRINHAS

Agora, vocês devem se organizar e preparar a exposição com as tirinhas da turma.

A. Depois que todos produzirem a versão definitiva, reúnam as tirinhas e comecem a preparar o mural.

B. Definam com o professor onde ficará o mural e pensem na melhor forma de distribuir as tirinhas para que todos consigam visualizá-las.

C. Cada aluno deverá sugerir um título para o mural de tirinhas. O professor deverá anotar todas as sugestões na lousa e, em seguida, realizar uma votação para a escolha do melhor título.

D. Definido o título do mural, dois alunos ficarão responsáveis por escrevê-lo em uma folha, de forma que fique bem visível.

E. Convide as outras turmas para apreciar as tirinhas produzidas por vocês.

F. Se possível, combinem com a direção da escola um dia para que todos convidem os familiares e amigos de fora da escola para conhecer a exposição de tirinhas.

G. Por fim, reservem um momento em sala de aula para comentar a exposição, avaliando os aspectos positivos e outros fatores que podem ser melhorados.

> O título do mural precisa despertar a atenção das pessoas para que sintam vontade de parar e ler as produções feitas por vocês.

CAPÍTULO 4 — HISTÓRIA EM QUADRINHOS

CONTEXTUALIZANDO

Neste capítulo, vamos ler uma história em quadrinhos em que o personagem Chico Bento é o protagonista. Antes disso, conheça mais sobre a origem dos quadrinhos e o cartunista Mauricio de Sousa.

O SURGIMENTO DAS HISTÓRIAS EM QUADRINHOS

As histórias em quadrinhos, também conhecidas pela sigla HQs, são populares no mundo inteiro. Em alguns países, elas recebem outras denominações. No Japão, as HQs são chamadas de **mangás** e, em Portugal, conhecidas como **história aos quadrinhos**.

Esse tipo de publicação surgiu em 1895, nos Estados Unidos, quando o jornal **New York World** lançou uma seção de humor com os quadrinhos do ilustrador Richard Felton Outcault, que criou o personagem Yellow Kid (**O Menino Amarelo**). Com isso, as vendas do jornal aumentaram expressivamente, comprovando o sucesso do gênero.

Em 1905, foi lançada a primeira revista de histórias em quadrinhos no Brasil, chamada **O Tico-Tico**. Mas o sucesso do gênero ocorreu apenas em 1938, com a publicação da revista **Gibi**, que, de tão conhecida, acabou virando sinônimo de revista de histórias em quadrinhos no país.

A primeira revista totalmente colorida de história em quadrinhos do Brasil foi a **Turma do Pererê**, de Ziraldo, publicada na década de 1960.

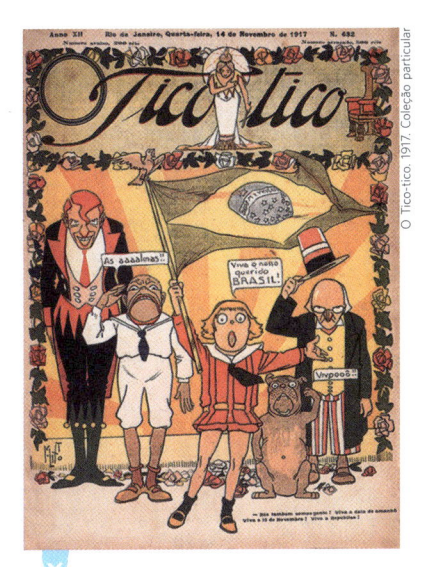

Capa da revista **O Tico-Tico**, lançada em novembro de 1917.

MAURICIO DE SOUSA (1935–)

Iniciou seu trabalho como cartunista em 1959, quando publicou uma série de tirinhas de um cãozinho, chamado Bidu, e seu dono, Franjinha. Depois criou outras histórias com os personagens Mônica, Cebolinha, Cascão, Magali e Chico Bento, hoje conhecidos como a **Turma da Mônica**.

Suas histórias continuam a fazer sucesso, tanto com o público infantil quanto com os adultos que cresceram lendo suas revistas. Em depoimentos, o autor declara que muitos de seus personagens foram inspirados em seus próprios filhos.

Foto de Mauricio de Sousa.

CONVERSANDO

- Você gosta de ler histórias em quadrinhos? Qual é seu personagem preferido? Conte para os seus colegas.
- Observando o título da HQ e a primeira página da história, sobre o que você acha que ela irá tratar?

LENDO

Em diversas histórias folclóricas, há seres sobrenaturais rondando estradas, rios, matas e moradias. Você conhece alguma dessas histórias? O que elas geralmente causam nas pessoas: medo, tristeza, alegria, surpresa? Vamos conferir?

Chico Bento em PRA CASA DA VÓ DITA

VIXI!! QUASE QUI IA MI ISQUECENDO!!

HOJE É DIA DA VÓ DITA CONTÁ HISTÓRIA!

I SI EU CHEGO ATRASADO, PERCO METADE DA PROSA!
É MIOR EU APRESSÁ O PASSO!
?
TÓIM
TÓIM
AH!! UM SACI!!
NÃO! O COELHINHO DA PÁSCOA, SEU BOCOIÓ!
POIS NUM TENHO TEMPO PROCÊ, SEU SACI!
A MINHA VÓ TÁ CONTANDO HISTÓRIA I NUM POSSO MI DEMORÁ!
TREC
TREC

ESSES LOBISOME SÓ SABE ATRAPAIÁ NOSSO CAMINHO QUANDO A GENTE TÁ COM PRESSA!
IAÁÁ!!
COM LICENÇA!
BONC
UUUUUH...
VUP
ZUP
RIIIINCH!!

SOUSA, Mauricio de. Pra casa da Vó Dita. **Chico Bento**. São Paulo: Globo, n. 388, nov. 2001. p. 22-25. (Turma da Mônica).

CHICO BENTO

Criado em 1961 por Mauricio de Sousa, esse personagem teve sua primeira tirinha lançada em 1963 e a primeira revista própria em 1982. Para criá-lo, o cartunista inspirou-se em um tio-avô.

Chico Bento é um menino que anda descalço, usa chapéu de palha, veste roupas simples, adora pescar e nadar, além de ter uma linguagem característica. Ele frequenta a escola, mas não é um aluno dedicado, pois sempre se atrasa, esquece-se de fazer os deveres, inventa histórias e tira notas baixas. Apesar disso, é muito bondoso, generoso e amante dos animais e da natureza, adorado por todos os leitores de suas histórias.

Chico mora com os pais, Seu Tonico e Dona Cotinha. Outros personagens fazem parte do seu cotidiano: Vó Dita (mãe de seu pai), Rosinha (namorada), Zé Lelé (primo), Zé da Roça e Hiro (amigos), Anjo Gabriel (anjo da guarda de Chico), Zeca (primo da cidade), Dona Marocas (professora) e Nhô Lau (vizinho).

COMPREENDENDO

1. Você já conhecia os seres folclóricos que aparecem na HQ? Que nome eles recebem e o que caracteriza cada um deles?

2. No início da história, Chico Bento cita uma atividade que costuma realizar com frequência.

A. De qual atividade se trata?

_____

_____

B. Por que Chico Bento gosta de ouvir as histórias da Vó Dita?

_____

_____

_____

_____

Os **seres folclóricos** que você viu na HQ "Pra casa da Vó Dita" são criaturas fictícias, ou seja, eles existem apenas no imaginário das pessoas. Esses seres geralmente expressam as crenças e as tradições de um povo, que são transmitidas de geração a geração.

Cada região do país ou do mundo costuma ter suas próprias histórias. No caso do Brasil, muitas culturas foram absorvidas, como a indígena, a africana e a europeia, principalmente a de Portugal, graças à colonização. Essa variedade de culturas incorporadas contribuiu para a riqueza do folclore nacional.

3. No decorrer da HQ, Chico Bento não demonstra sentir medo dos seres que encontra pelo caminho.

A. Por que ele enfrenta esses seres de forma tão destemida?

_____

B. Em que momento da história Chico Bento aparenta sentir medo?

_____

C. Em sua opinião, o que faz Chico sentir medo ao ouvir histórias sobre os personagens que encontrou pessoalmente no caminho?

_____

_____

D. É possível afirmar que o medo de Chico no último quadrinho é inusitado? Que sentido isso provoca no texto? Explique.

_____

_____

_____

EXPLORANDO A HISTÓRIA EM QUADRINHOS

1. Além dos seres folclóricos, quem são os personagens que aparecem na história que você leu?

_____

2. Observando os quadrinhos, é possível saber os lugares em que os fatos aconteceram. Identifique-os.

_____

3. É possível descobrir em que período do dia a história aconteceu? Justifique sua resposta.

_____

_____

4. A história em quadrinhos é contada em uma sequência de quadros. É composta de linguagem não verbal e, muitas vezes, também de linguagem verbal. Na HQ lida, embora predomine a linguagem não verbal, qual é a importância da linguagem verbal?

_____

_____

5. Em uma HQ predominantemente verbal, a história pode ser apresentada como um **diálogo** ou um **monólogo**.

- **Diálogo:** quando dois ou mais personagens conversam.
- **Monólogo:** quando um único personagem fala (consigo mesmo, com o público ou simulando um diálogo).

A. Na HQ lida ocorre algum monólogo? Se ocorre, identifique o(s) quadrinho(s) em que aparece.

_____

_____

B. Em quais momentos o personagem principal estabelece diálogos com outros personagens da história?

_____

6. Em alguns momentos na HQ, aparecem recursos de linguagem que representam sons, chamados de **onomatopeias**. Que sons cada um deles representa nos quadrinhos a seguir?

7. Pesquise em gibis outro exemplo de onomatopeia. Anote-o a seguir e escreva o que esse som indica.

_____

_____

8. Ao longo da história, as expressões fisionômicas de Chico Bento foram mudando. Reveja alguns trechos da HQ e escreva que tipo de sentimento cada expressão fisionômica desse personagem indica.

9. Agora é a sua vez de criar expressões fisionômicas para um personagem. Para isso, ilustre-o na primeira coluna abaixo. Em seguida, reproduza apenas a face do personagem, alterando suas expressões faciais de acordo com o que se pede.

PERSONAGEM	EXPRESSÃO DE RAIVA	EXPRESSÃO FELIZ	EXPRESSÃO TRISTE

10. Nas HQs, geralmente, as falas dos personagens são indicadas por balões. Observe o segundo e terceiro quadrinho da página **74**. Nele, Chico Bento conversa com a personagem Iara.

A. O que o balão de fala da Iara expressa?

_____

_____

B. E o balão de fala do Chico Bento, o que expressa?

_____

_____

11. Observe esta história em quadrinhos.

DAVIS, Jim. **Toneladas de diversão**. Porto Alegre: L&PM, 2011. p. 101.

Agora você irá produzir balões para as possíveis falas/pensamentos dos personagens da HQ. Lembre-se de que, conforme a intenção do personagem, os balões e as letras empregadas podem variar de tamanho, cor, formato.

12. Os planos, geralmente utilizados no cinema, também aparecem nas HQs.

A **PLANO AMERICANO:** mostra o personagem a partir do joelho.

B **PLANO TOTAL:** mostra o personagem de corpo inteiro.

C **PLANO GERAL:** apresenta o cenário e vários personagens.

D **PRIMEIRO PLANO:** limita o espaço e destaca a expressão facial.

E **PLANO DE DETALHE:** destaca um aspecto relevante da imagem.

F **PLANO MÉDIO:** mostra o personagem da cintura para cima.

Agora, relacione os planos descritos acima aos seus respectivos quadrinhos.

SOUSA, Mauricio de. **Cebolinha:** coelhadas que não estão no gibi. São Paulo: Panini Comics, n. 3, jul. 2015. p. 6. (Turma da Mônica).

ZIRALDO. **O melhor do Menino Maluquinho em quadrinhos:** Tá na hora da escola. São Paulo: Publifolha, 1998. v. 4. p. 80.

ZIRALDO. **Curta o Menino Maluquinho.** São Paulo: Global, 2007. v. 3. p. 35.

VARGAS, Ruis. **Bobo da corte – a pílula da felicidade.** São Paulo. SESI-SP Editora, 2016. p. 39.

GILMAR. **Guilber.** São Paulo: SESI-SP Editora, 2016. p. 43.

José Francisco Peligrino Xavier. **Resgate das histórias em quadrinhos do Menino Caranguejo e seu impacto na comunidade de Joinville.** Joinville, SC: Instituto Caranguejo de Educação Ambiental, 2016. p. 19.

A **história em quadrinhos (HQ)** é uma narrativa feita por uma sequência de imagens, dispostas em quadros. Os fatos narrados envolvem personagens e ocorrem em tempo e espaço determinados. Obrigatoriamente, uma HQ apresenta imagens. No entanto, ela pode ou não ter textos verbais.

Existem HQs para variados públicos e, mesmo as voltadas para crianças e adolescentes, agradam muitos adultos. Diferentes temas podem ser abordados, desde assuntos atuais a conteúdos históricos e culturais. É comum, ainda, a apresentação de situações cotidianas, que permitem ao leitor se identificar com os personagens.

As histórias em quadrinhos são publicadas em veículos de comunicação diversos, como revistas de HQs (gibis), livros, jornais, revistas ou *sites* da internet.

ESQUEMATIZANDO

HISTÓRIA EM QUADRINHOS

OBJETIVO
Entreter, ensinar, divertir o leitor.

PÚBLICO-ALVO
Leitores (crianças, jovens ou adultos) que se interessam pelo universo dos quadrinhos.

CARACTERÍSTICAS
- História apresentada por meio de uma sequência de quadros.
- Pode apresentar linguagem mista (verbal e não verbal) ou apenas não verbal.
- As falas dos personagens são indicadas por balões.
- A expressão facial e corporal dos personagens contribui para o efeito de sentido do texto.

ANGELO AGOSTINI E A HQ

No texto a seguir você vai ler um pouco sobre Angelo Agostini e o surgimento da história em quadrinhos.

[...]

Em 30 de janeiro de 1869, o periódico **Vida Fluminense** publicou a primeira das aventuras do Nhô Quim ou Impressões de uma viagem à Corte, escrita e desenhada por Angelo Agostini. O personagem central era um caipira, hoje um dos símbolos da cidade de Piracicaba (SP).

Foi o primeiro exemplo mundial significativo de uma história em quadrinhos, com duração de vários números, embora haja registros anteriores da fusão ilustração-texto-sequência, que é o tripé fundamental de um quadrinho.

Angelo Agostini (1833-1910) era italiano, mas viveu na França e chegou ao Brasil ainda adolescente. Seu trabalho foi essencial para a evolução da caricatura e do cartum como instrumentos políticos na imprensa nacional.

Considerado o pai brasileiro das HQs, foi um dos fundadores da mais importante revista do gênero do país no século passado, **O Tico-Tico**.

FTD EDUCAÇÃO. **Dia Nacional das Histórias em Quadrinhos**. Disponível em: <https://ftd.com.br/eventos/dia-nacional-das-historias-em-quadrinhos/>. Acesso em: 18 mar. 2017.

Capa da **Revista Ilustrada**, fundada por Angelo Agostini.

AMPLIANDO A LINGUAGEM

A LINGUAGEM NAS HISTÓRIAS EM QUADRINHOS

1. Leia a tirinha a seguir.

> ... PUXA, UMA ESTRELA DESGRUDOU DO CÉU!
>
> JÁ DOU UM JEITO NISSO.

LAERTE. **Suriá contra o dono do circo**. São Paulo: Devir/Jacarandá, 2003. p. 63.

A. Que recurso gráfico foi empregado para indicar a fala da personagem?

B. Apesar de não apresentar linguagem verbal, a imagem do último quadrinho permite ao leitor compreender o final da história. O que a expressão facial da personagem revela no desfecho da tirinha?

C. Além de dar mais expressividade ao texto, as cores utilizadas nas HQs ajudam a caracterizar vários elementos da história e, assim, chamar a atenção do leitor para o que está sendo exposto. Na tirinha, que cores predominam e com qual finalidade elas foram utilizadas?

TIPOS DE BALÕES

Nas HQs, os balões contribuem para o dinamismo da leitura. Em diferentes formatos, indicam falas, pensamentos, emoções e sonhos dos personagens.

2. Veja alguns tipos de balões que podem aparecer em uma HQ.

A. **Balão de choro:** expressa a tristeza do personagem. Apresenta contornos irregulares.

B. **Balão de pensamento:** os mais comuns apresentam rabicho em forma de nuvem e rabicho com contornos irregulares.

C. **Balão de grito:** normalmente representado por letras destacadas em negrito ou por traços em zigue-zague.

D. **Balão de uníssono:** representa a fala de vários personagens ao mesmo tempo, sendo marcado por vários rabichos.

E. **Balão não verbal:** geralmente com contornos irregulares, traz símbolos, imagens e códigos.

F. **Balão de sussurro:** geralmente caracterizado por linhas tracejadas ou pontilhadas, indica que está sendo utilizado um tom de voz baixo.

> **Continente:** corpo do balão de fala, local onde o texto é apresentado.
>
> **Rabicho ou apêndice:** extensão do balão que indica o personagem que está falando.

Agora, relacione os tipos de balões descritos acima com os balões apresentados nos quadrinhos.

CEDRAZ, Antonio. *Xaxado: 1000 tiras em quadrinhos da Turma do Xaxado.* Salvador: Editora e Estúdio São Paulo: Devir, 2002. p. 32.

GONSALES, Fernando. *Níquel Náusea: botando os bofes de fora.* São Paulo: Devir, 2002. p. 32.

SOUSA, Mauricio de. A turminha no zoológico. *Mônica.* São Paulo: Globo, n. 197, nov. 2002. p. 3. (Turma da Mônica).

LAERTE. *Suriá contra o dono do circo!* São Paulo: Devir, 2003. p. 55.

CEDRAZ, Antonio. *1000 tiras em quadrinhos: a turma do Xaxado.* Salvador: Estúdio Cedraz, 2009. p. 186.

SOUSA, Mauricio de. *Almanaque historinhas de três páginas. Mônica.* São Paulo: Panini, n. 5, ago. 2010. p. 18. (Turma da Mônica).

DIFERENTES ESTILOS DE QUADRINHOS

As HQs em geral são formadas por pequenos quadros, lado a lado, lendo-se da esquerda para a direita e de cima para baixo. Há autores que utilizam recursos menos tradicionais e vão além dos traços retos e regulares, inovando em contornos e disposição dos quadros, dependendo do estilo e da intenção.

3. Observe a tirinha e o quadro a seguir.

A

CEDRAZ, Antonio. **A turma do Xaxado**. Salvador: Editora e Estúdio Cedraz, 2005. v. 4. p. 32.

B

LAERTE. **Carol**. São Paulo: Noovha América, 2010. p. 30.

A. Que tipo de quadro foi utilizado na tirinha **A**? Explique.

B. Na tirinha **B** foram usados quadros não tradicionais. Com qual intenção?

TIPOS DE LETRAS E CORES NA HQ

Nas HQs, de forma geral, há uma padronização na escrita: letras de forma e maiúsculas. Porém, elas podem variar de acordo com o que o autor deseja comunicar. Assim também ocorre com as cores. Vamos ver?

4. Leia as tirinhas a seguir.

A

RYOT. Calofriento. **Ryot IRAS**. Disponível em: <http://ryotiras.com/calofriento/>. Acesso em: 12 abr. 2017.

B

BROWNE, Dik. **O melhor de Hagar, o Horrível**. Porto Alegre: L&PM, 1996. p. 81.

A. Na tirinha **A**, o texto verbal é utilizado para complementar as informações das imagens. Qual é a relação entre as legendas e as cores utilizadas nos dois primeiros quadrinhos?

_____
_____
_____
_____

B. Em qual das tirinhas foi empregado um estilo de letra diferente do habitual em HQs? Explique o efeito de sentido desse emprego.

_____
_____
_____
_____

LEGENDAS

Nem sempre a parte verbal de uma HQ indica a fala dos personagens. Algumas histórias trazem legendas, acrescentando informações que as contextualizam, como para especificar o tempo e o espaço em que os fatos ocorrem. Em muitas HQs, as legendas constituem um recurso expressivo fundamental.

5. Observe esta tirinha.

GONSALES, Fernando. **Níquel Náusea**: botando os bofes de fora. São Paulo: Devir, 2002. p. 12.

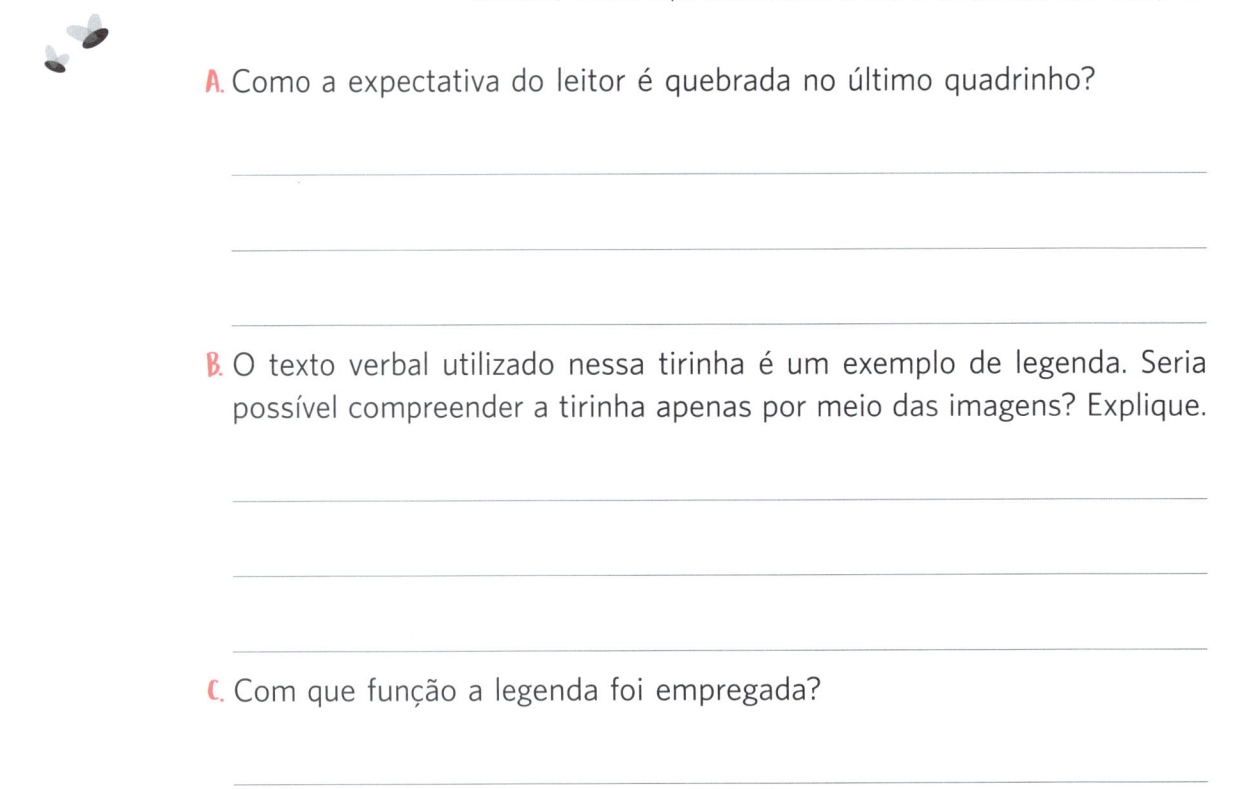

A. Como a expectativa do leitor é quebrada no último quadrinho?

B. O texto verbal utilizado nessa tirinha é um exemplo de legenda. Seria possível compreender a tirinha apenas por meio das imagens? Explique.

C. Com que função a legenda foi empregada?

6. Leia a HQ a seguir.

A. No último quadrinho, as falas de Calvin e Haroldo são indicadas por balões de fala diferentes um do outro. Por quê?

_____

_____

B. Por que o personagem embaixo da cama tem balão verde?

_____

C. Preencha o quadro a seguir e descreva o que a expressão facial de Calvin indica em cada um dos quadrinhos.

4º QUADRINHO	7º QUADRINHO

PRODUÇÃO ESCRITA

HISTÓRIA EM QUADRINHOS

Agora é a sua vez de produzir uma história em quadrinhos, que, reunida com as histórias de seus colegas, formará uma revista de HQ. Antes disso, é importante considerar todos os aspectos do contexto de produção, para que a história em quadrinhos criada por você alcance o objetivo a que se propõe. Observe quais são esses aspectos.

O que vou produzir?	Para quem?	Onde será publicado?
↓	↓	↓
História em quadrinhos.	Frequentadores da biblioteca escolar.	Gibi.

ARGUMENTO E ESBOÇO DE HQ

A. Defina o argumento da sua HQ e registre-o abaixo.

> **Argumento** é um resumo da história, que dá uma noção geral da narrativa e prevê o início, o meio e o fim de uma história. No argumento, já são inseridos os personagens que vão atuar.

_____
_____
_____
_____
_____
_____

B. Com o argumento esquematizado, defina o número de quadros de que você precisará para compor sua história. Seria interessante que sua história tivesse apenas uma página, assim todas as HQs do gibi teriam o mesmo tamanho.

C. Com base no argumento, organize a história pelo número de quadrinhos estabelecido. Os fatos escolhidos devem ser os mais importantes e apresentar uma sequência lógica.

D. Pense nos tipos de balão que serão empregados. Você pode variar de acordo com a intenção das falas dos personagens.

PRODUZINDO A HISTÓRIA EM QUADRINHOS

Depois de definir os elementos essenciais da sua história em quadrinhos, em uma folha de caderno comece a produzir o esboço de sua HQ. Antes, veja algumas orientações.

> Para produzir sua HQ, se necessário, volte às questões que exploram as características desse gênero e à seção **Esquematizando**.

A. Divida o espaço em branco de acordo com a quantidade de quadros de que você precisará.

B. Esboce o cenário de cada quadro e inclua os personagens, respeitando a sequência dos acontecimentos. Lembre-se de que, normalmente, a ordem de leitura de uma HQ é da esquerda para a direita e de cima para baixo.

C. Caso opte por utilizar falas, inclua os balões e escreva a lápis o texto verbal (para poder adequá-lo se for o caso).

D. Nas falas, empregue fonte e letras expressivas, de acordo com os balões e as entonações das falas. Se necessário, utilize onomatopeias.

E. Se preciso, utilize legendas para contextualizar as ações.

F. Dê um título à HQ, crie humor ou provoque reflexão no último quadrinho e escreva "fim" na parte inferior direita dele, indicando o término da história.

G. Se achar interessante, utilize o espaço a seguir para fazer algumas anotações que possam auxiliá-lo na produção do esboço.

AVALIANDO A HISTÓRIA EM QUADRINHOS

Após terminar o esboço, avalie sua HQ com base nas questões a seguir.

	👍	👎
O enredo da história apresenta início, meio e fim?		
Os personagens e o cenário estão bem caracterizados?		
Se foram usados balões de falas, eles estão adequados?		
As fontes e as letras empregadas nos balões são expressivas?		
Se foram usadas onomatopeias, elas foram utilizadas de forma correta?		
Caso tenham sido usadas legendas, elas contextualizam a história corretamente?		
O título do texto está coerente?		
O final da sua história causou humor ou reflexão no leitor?		
Você inseriu a palavra "fim" na parte inferior direita?		

Anote a seguir os itens que você precisa ajustar no seu texto.

LISTA DE ADEQUAÇÕES

1. _____
   _____

2. _____
   _____

3. _____
   _____

4. _____
   _____

ACABAMENTO DA HQ

Com base na lista de adequações, crie a versão definitiva da sua HQ.

A. Você precisará de uma folha de sulfite e lápis de cor (caso opte por uma HQ colorida) para finalizar o acabamento da sua história.

B. Nessa etapa, destaque a divisão dos quadros, de forma que ela fique bem nítida para o leitor.

C. Faça a colorização do cenário e dos personagens, caso opte por uma HQ colorida, ou use caneta preta para marcar os contornos dos desenhos, se a HQ for em preto e branco.

CRIANDO UM GIBI

Após o acabamento, é hora de elaborar o gibi com as HQs da turma. Esse exemplar deverá ser disponibilizado na biblioteca da escola, de modo que toda a comunidade escolar tenha acesso às produções. Para isso, siga as orientações a seguir.

A. Sob a orientação do professor, você e seus colegas devem reunir as histórias e ordená-las por ordem alfabética de nome de autor.

B. Numerem todas as páginas das HQs.

C. Alguns dos alunos deverão fazer um sumário, apresentando, na ordem ao lado:

1º nome do autor
2º título da história
3º página onde se encontra a HQ.

Veja, a seguir, um modelo.

SUMÁRIO

NOME DO AUTOR – TÍTULO DA HISTÓRIA ....PÁGINA XX

NOME DO AUTOR – TÍTULO DA HISTÓRIA ....PÁGINA XX

D. Alguns alunos ficarão encarregados de produzir a capa do gibi, que pode ser feita com cartolina ou papel-cartão colorido. Eles devem ilustrá-la de modo que fique bem atrativa.

E. Façam uma eleição para definir o título do gibi e combinem com o professor sua produção final.

Depois de tudo pronto, coloquem o gibi à disposição para empréstimo na biblioteca da escola. De vez em quando, passe por lá e converse com o bibliotecário sobre a frequência dos empréstimos do gibi e a receptividade da comunidade escolar para saber se as pessoas estão se interessando pelo trabalho de vocês.

UNIDADE 3
CARTA PESSOAL E E-MAIL

A. Você já assistiu a um espetáculo de dança? O que achou dele? Comente com os colegas.

B. É possível afirmar que os dançarinos estão se comunicando com o público? Explique.

C. No dia a dia, de que forma nos comunicamos por escrito com as pessoas? Quais você utiliza?

Casal de bailarinos em uma apresentação de dança.

CAPÍTULO 5 — CARTA PESSOAL

CONTEXTUALIZANDO

Neste capítulo, você vai ler uma carta pessoal, ter algumas informações importantes sobre a história da comunicação e conhecer a origem das cartas dos correios.

BREVE HISTÓRIA DA COMUNICAÇÃO

A comunicação sempre foi uma necessidade do ser humano. Na Pré-História, por exemplo, os homens desenhavam nas paredes das cavernas cenas de seu cotidiano. E foi assim até que alguns povos desenvolvessem a escrita, muito tempo depois.

Os sumérios escreviam em placas de argila e os egípcios, em um tipo de papel chamado papiro (mesmo nome da planta de que era feito). Os romanos, em grandes placas de pedra expostas em praças públicas.

Da cidade grega de Pérgamo, veio o pergaminho, que, mais tarde, teve suas folhas retangulares dobradas, cortadas e encadernadas com capa de madeira fininha, em formato de livro.

Cerca de 2300 anos atrás, surgiu, na China, o papel como conhecemos hoje. No século VIII, uma imperatriz japonesa mandou reproduzir, com a técnica da xilogravura, um texto budista chinês, para distribuir aos seguidores em seu país: 1 milhão de cópias! Muito tempo depois, o alemão Johannes Gutenberg (1398-1468) inventou os tipos móveis e a prensa para produzir livros, jornais e revistas em grandes quantidades. Nascia, assim, a imprensa.

Hoje temos várias formas de nos comunicar e as inovações tecnológicas estão cada vez mais presentes: fotografia, cinema, rádio, televisão, telefone, computadores, celulares.

> Hieróglifos egípcios esculpidos no templo de Horus, em Edfu.

CONVERSANDO

- Durante muito tempo, a carta foi o principal meio de comunicação entre as pessoas. Explique com que objetivo uma carta é escrita.
- Atualmente, o envio de cartas não é mais tão comum. Em sua opinião, o que provocou a diminuição na frequência do envio de cartas?
- Para você, por que, mesmo não sendo tão comuns hoje em dia, as cartas ainda são importantes?

LENDO

Leia a carta pessoal a seguir.

E aí, Arthur, beleza?

Tudo tranquilo aí em Manaus? Como é morar tão longe do Paraná? Por aqui tá tudo blz. Em casa não mudou muita coisa desde que você foi embora.

Tô querendo saber como é a vida aí. Já fez amizades? E a escola, é parecida com a nossa? O que tem de diferente? Você já tem um time de futebol pra jogar aí também? O nosso time tá sentindo sua falta, hem! Na verdade, todos na escola tão sentindo.

Com a sua saída, nosso time tá tendo que improvisar, e o pior é que não tá dando muito certo... Lembra do Caio? Então, ele agora acha que é o craque do time e o dono da bola, fica querendo mandar em todo mundo, todo nervosinho. Pra mim, jogar nesse time tá perdendo a graça, tô quase mudando de time e indo jogar pra equipe rival. Mas eu troquei uma ideia com o Lucas, aquele baixinho, não o japonês, e vamos falar com o time para tentar resolver isso. Só não sabemos como. Se você tiver alguma sugestão de como ajudar...

Meu pai disse que vai me dar um dinheiro de aniversário semana que vem. Tô felizão! Essa grana vai chegar na hora certa, porque mês que vem vai ter a festa junina do colégio e eu preciso de dinheiro pra curtir. Tão comentando que vai ter até touro mecânico, coisa bem maneira mesmo. Tô a fim de chamar a Lu pra ir comigo... Lembra dela, né? Aquela de aparelho nos dentes que sempre tava vendo nossos jogos.

Vê se não enrola pra mandar notícias! Tô enviando uma foto do nosso último jogo, a gente perdeu, mas tá todo mundo animadão na foto.

Um abraço, cara!

Miguel
Curitiba, 17/05/2017

COMPREENDENDO

1. Sobre a carta lida na página **97**, responda às seguintes questões.

   A. Com que intenção ela foi escrita?

   B. Que tipo de relação há entre quem envia e quem recebe a carta?

2. A carta lida apresenta um assunto comercial ou pessoal? Explique.

3. A carta pessoal costuma ser escrita para alguém que está longe.

   A. De onde a carta lida foi escrita? E para onde foi enviada?

   _____

   B. Arthur estava em qual cidade? E Miguel? Como você identificou isso?

   _____
   _____
   _____

4. Por que Miguel relata alguns acontecimentos de seu dia a dia?

   _____

5. Converse com alguma pessoa mais velha e descubra como era o envio de cartas na época em que ela era jovem. Siga o roteiro abaixo.

Nome do entrevistado	
Para quem você costumava enviar cartas?	
De quem você as recebia?	
Quanto tempo, em média, uma carta costumava demorar para chegar?	
Qual era a sensação pela espera da resposta de uma carta enviada?	

EXPLORANDO A CARTA PESSOAL

1. Em uma carta, é necessário deixar claro quem a está enviando e quem a recebe. Veja como esses elementos são classificados.

> Quem envia a carta é chamado de **remetente**.

> Quem recebe a carta é chamado de **destinatário**.

- Na carta lida, quem é o remetente e quem é o destinatário?

REMETENTE
_____

DESTINATÁRIO
_____

2. Identifique no texto a data e o local em que a carta foi escrita.

DATA: _____

LOCAL: _____

- Qual é a importância dessas informações em uma carta?

_____
_____

3. Em uma carta, é comum serem apresentadas, ainda, uma **saudação** e uma **assinatura**. Veja em que consiste cada um desses elementos.

> Saudação: frase inicial que indica para quem o remetente envia a carta.

> Assinatura: registro escrito do nome (apelido ou abreviação do nome) de quem a enviou. Geralmente é a última informação apresentada em uma carta.

Identifique na carta lida cada uma dessas partes.

SAUDAÇÃO
_____

ASSINATURA
_____

99

4. O objetivo de uma carta é apresentado no **corpo da carta**, ou seja, no texto com a mensagem propriamente dita.

A. O que despertou o interesse de Miguel em enviar uma carta a Arthur?

_____

_____

B. Que sentimentos Miguel demonstrou ao longo da carta?

_____

_____

5. Veja a seguir outro exemplo de carta.

CAMALEÃO VEÍCULOS AUTOMOTORES
AVENIDA DOS AUTONOMISTAS, 123
OSASCO, SP.

A/C GERENTE

Banco Cofre Seguro
Rua dos Ventos Uivantes, 15.
Centro, SP.

13 de abril de 2008.

Prezada Senhora,

ABERTURA DE CONTA POUPANÇA PARA UNIVERSITÁRIOS

   Gostaria de obter mais informações a respeito do plano CPPU, conforme anunciado na Gazeta das Finanças desta semana. Por gentileza, envie-me um formulário para o meu endereço comercial acima.

Cordialmente,

José Antunes

WARREN, Celia. **Como escrever cartas e e-mails**. São Paulo: Ciranda Cultural, 2008. p. 7.

- Agora, preencha os quadrinhos acima com os elementos abaixo.

DESTINATÁRIO   REMETENTE   SAUDAÇÃO   ASSINATURA

ASSUNTO   DESPEDIDA   DATA   CORPO DO TEXTO

6. Compare a saudação e a despedida das duas cartas e verifique o que há de diferente entre elas.

	CARTA DE MIGUEL	**CARTA DE JOSÉ ANTUNES**
SAUDAÇÃO		
DESPEDIDA		

7. Leia a seguir os conceitos de **registro formal** e de **registro informal**.

A. Qual desses registros é predominante na carta de Miguel? E na carta de José Antunes? Cite exemplos.

Registro formal: adequado a situações comunicativas que exigem maior formalidade. Nesse registro, pressupõe-se um planejamento da escrita ou da fala, empregando vocabulário mais próximo à norma-padrão;

Registro informal: adequado a situações comunicativas mais descontraídas. Nesse registro, admite-se o uso de marcas de informalidade, como as gírias.

B. O registro empregado em cada uma das cartas está de acordo com a situação comunicativa? Por quê?

Carta pessoal: o remetente e o destinatário possuem alguma relação de proximidade. Em geral, o emissor utiliza um registro predominantemente informal, coloquial, com emprego de expressões próximas da oralidade para tratar de assuntos pessoais.

Carta comercial: geralmente tem como principais interlocutores as instituições comerciais, por isso empregam um registro predominantemente formal.

8. Nessa seção, lemos dois tipos de cartas: a **carta pessoal** e a **carta comercial**.

Identifique qual dessas classificações se refere à carta de Miguel e qual delas se refere à carta de José Antunes.

_____

_____

9. Vejas as situações comunicativas dispostas no quadro. Como você começaria uma carta em cada uma dessas situações?

Para os vereadores da cidade, solicitando uma melhoria para o seu bairro.	Para um colega que mora distante, combinando uma programação para as férias escolares.
DESTINATÁRIO:	**DESTINATÁRIO:**
SAUDAÇÃO:	**SAUDAÇÃO:**
INTRODUÇÃO:	**INTRODUÇÃO:**

10. Resolva o diagrama e encontre os principais elementos de uma carta.

VERTICAL

1. Aquele que recebe a carta.
2. Parte final da carta, indicando quem escreveu o texto.
3. Mensagem propriamente dita.
4. Aquele que envia a carta.

HORIZONTAL

5. Forma de tratamento usada para cumprimentar a pessoa.
6. Maneira de encerrar a carta.

Conheça a seguir outros exemplos de carta, além da carta pessoal e da carta comercial.

[...]

de leitor: geralmente de opinião (argumentativa), circula em jornais e revistas, já que o leitor a envia para manifestar seu ponto de vista sobre matérias que leu;

[...]

aberta: carta que se dirige publicamente a alguém através dos órgãos de imprensa;

[...]

circular: a que é endereçada, simultaneamente, a vários destinatários;

[...]

de apresentação: carta passada por autoridades ou particulares apresentando alguém para concorrer a algum cargo ou função em alguma instituição;

diplomática [...]: carta de um governo soberano a outro que apresenta um diplomata que o representará;

de recomendação: documento, título, atestado, autorização [...], passado(a) por autoridades civis, militares etc.;

[...]

COSTA, Sérgio Roberto. **Dicionário de gêneros textuais**. Belo Horizonte: Autêntica, 2008. p. 50-51.

A ORIGEM DAS CARTAS

Há indícios de que no Egito Antigo, por volta de 3150 a.C., os faraós já dispunham de mensageiros para entrega de documentos e decretos.

Também no Império Romano, as mensagens seguiam por pessoas montadas a cavalo ou que iam a pé. A entrega poderia levar dias e até meses.

Com o tempo, mais e mais pessoas aprenderam a ler e escrever e o número de cartas aumentou. Assim, era necessário ampliar o serviço de entrega e torná-lo mais rápido. O que foi possível com a criação das redes ferroviárias durante a Revolução Industrial, no século XIX, dando início a um sistema postal: os correios.

No Brasil, as cartas vieram com os portugueses, no século XVI, trazidas por embarcações. A primeira carta escrita em solo brasileiro — Carta a El-Rei D. Manuel — não é uma carta pessoal, mas sim um documento oficial, no qual o escrivão Pero Vaz de Caminha relata ao rei suas impressões da chegada.

Em 1969, foi criada a Empresa Brasileira de Correios e Telégrafos (ECT) — Correios —, vinculada ao Ministério das Comunicações, sendo ainda hoje a principal responsável pelo sistema postal no país.

O primeiro selo surgiu em 1840, na Inglaterra, em uma época em que enviar cartas era caro e demorado. Esse selo ficou conhecido como **Penny Black**. Em 1843, surge o primeiro selo no Brasil, o **Olho de boi**.

Reprodução do primeiro selo, **Penny Black**, lançado em 1º de maio de 1840, na Inglaterra.

A **carta** é uma mensagem manuscrita ou impressa, dirigida a um destinatário para comunicar-lhe algo. Nas cartas, há sempre um remetente (aquele que envia) e um destinatário (aquele que recebe). Nesse gênero textual, há uma estrutura básica: local e data (indicando de onde e quando a carta foi escrita), saudação, corpo da mensagem, despedida e assinatura.

ESQUEMATIZANDO

CARTA

OBJETIVO
Comunicar algo a alguém por meio da escrita.

PÚBLICO-ALVO
Público em geral.

CARACTERÍSTICAS
- Local e data.
- Saudação.
- Corpo do texto.
- Despedida.
- Assinatura.

AMPLIANDO A LINGUAGEM

REGISTRO FORMAL E REGISTRO INFORMAL

1. Releia um trecho da carta de Miguel para Arthur.

> [...] Essa grana vai chegar na hora certa, porque mês que vem vai ter a festa junina do colégio e eu preciso de dinheiro pra curtir. Tão comentando que vai ter até touro mecânico, coisa bem maneira mesmo. Tô a fim de chamar a Lu pra ir comigo... [...]
>
> Vê se não enrola pra mandar notícias! Tô enviando uma foto do nosso último jogo, a gente perdeu, mas tá todo mundo animadão na foto. [...]

A. Miguel utiliza algumas expressões que indicam uma situação comunicativa informal. Que exemplos comprovam essa afirmação?

_____

_____

B. Em que situações e com quem é adequado utilizar esse registro?

_____

_____

2. Agora, leia o trecho a seguir.

> Especialmente conhecido como o criador da lâmpada incandescente, Thomas Edison foi responsável por vários dispositivos importantes para a trajetória e desenvolvimento da humanidade. Nascido em 11 de fevereiro de 1847, Edison sempre estudou por conta própria e sua experiência como autodidata colaborou para torná-lo um dos maiores inventores e empreendedores da história dos Estados Unidos.
>
> [...]
>
> ABDO, Humberto. 8 invenções de Thomas Edison que mudaram o mundo. **Revista Galileu**. 14 fev. 2017. Disponível em: <http://revistagalileu.globo.com/Tecnologia/noticia/2017/02/8-invencoes-de-thomas-edison-que-mudaram-o-mundo.html>. Acesso em: 29 mar. 2017.

> A depender das diferentes situações comunicativas do dia a dia, monitora-se mais ou menos a fala ou a escrita. Assim, ao conversar com um colega na escola, emprega-se **menor monitoramento** da língua (menor planejamento) e, por isso, usa-se um registro mais informal. Ao dar uma palestra, por exemplo, emprega-se **maior monitoramento** da língua (maior planejamento), evitando o uso de gírias e outras marcas de informalidade e, por isso, utiliza-se um registro mais formal.

Que tipo de registro predomina nesse texto? Qual é a relação entre esse registro e o local onde o texto foi publicado?

_____

_____

_____

3. Leia um diálogo entre o grandão Rato Ruter e Níquel Náusea.

Quadrinho 1: — FORNEÇA-ME ESTA GULOSEIMA LÁCTEA! / — QUÊ?
Quadrinho 2: — CEDA-ME ESTA SUBSTÂNCIA LACTICINOSA! / — COMO?
Quadrinho 3: — DAQUI ESSA GOROROBA!! / — AGORA SIM!!!

GONSALES, Fernando. **Níquel Náusea**: com mil demônios. São Paulo: Devir, 2002. p. 24.

A. Nos três quadrinhos, Rato Ruter faz o mesmo pedido para Níquel Náusea. Mas por que Níquel Náusea não entendeu o pedido do Rato Ruter desde o início?

B. O que quebra a expectativa do leitor na tirinha?

C. Que palavras indicam informalidade nessa tirinha? O que elas significam?

D. Que outras expressões foram empregadas por Rato Ruter para indicar o que ele estava querendo?

E. Onde você vive, quais outras expressões informais são usadas com o mesmo sentido de **gororoba**?

A língua, por ser dinâmica, passa por um constante processo de transformação, e um dos fatores que contribuem para a sua mudança é a **variação linguística**. Assim, a língua pode variar de acordo com o grupo social, a escolaridade, a idade, a época, a região em que o falante vive ou já viveu, o assunto ou, ainda, de acordo com a situação comunicativa. Os diferentes usos que um determinado grupo social faz da língua em um tempo e um espaço determinados recebem o nome de **variedades linguísticas**.

O modelo formal da língua, presente nas gramáticas normativas, é chamado **norma-padrão**. Quando nos referimos à língua em suas situações reais de uso em contextos mais formais, dizemos **normas urbanas de prestígio** ou **norma culta**, que são comumente utilizadas em documentos oficiais, no meio diplomático, científico, jornalístico e literário e em contextos que exigem nossa expressão linguística formal.

4. Leia o trecho a seguir.

BLOG DA MARINA

Oi, gente!!! Desculpem, porque demorei a voltar. Mas aconteceram milhões de coisas, o micro deu pau, entrou um vírus daqueles, foi pro conserto e fiquei ilhada todo esse tempo, morrendo de saudades de vcs! Puxa, como é tudo sem graça sem o meu *blog*! [...]

BRÁZ, Júlio Emílio; VIEIRA, Janaína. *O blog da Marina*. São Paulo: Saraiva, 2009. p. 19. (Coleção Jabuti).

A. Registre as informações sobre o contexto de produção do trecho.

Quem escreve?	
Para quem escreve?	
Qual é o objetivo?	
Por que meio a mensagem é transmitida?	
Qual é o assunto?	

B. Que relação tem a situação comunicativa e o registro predominante?

_____

5. Leia o bilhete a seguir e observe a sua estrutura.

A. Qual é a semelhança e a diferença entre um bilhete e uma carta?

> Oi, Manu, beleza?
> Tô afinzão de ver aquele filme de super-herói. Acho que vai tá irado. Topa ir depois da escola?
> Rafa.

B. Explique o tipo de registro empregado no bilhete acima.

_____

6. Imagine a seguinte situação: você acorda doente e não pode ir à escola. Como você escreveria um bilhete avisando seu professor e outro avisando um amigo? Lembre-se de empregar o registro adequado à situação.

BILHETE 1 → PARA O PROFESSOR	BILHETE 2 → PARA UM AMIGO

- Que diferenças você percebe entre os bilhetes?

_____

7. Leia as frases a seguir com um colega e assinalem o tipo de registro predominante em cada uma.

FRASES	FORMAL	INFORMAL
Pedimos a Vossa Senhoria que invoque a colaboração desta entidade, a fim de permanecermos atendendo os enfermos que nos pedem auxílio.		
Pedimos ao senhor que solicite ajuda dessa entidade, para que possamos continuar atendendo os doentes que nos pedem ajuda.		
O senhor sabia, desde o princípio, dos reais propósitos do pretendente: queria apenas o seu patrimônio, nada mais.		
Você sabia desde o começo das intenções do cara: queria só seu dinheiro, mais nada.		
Nós saberemos que a operação foi bem-sucedida quando o médico responsável nos informar.		
A gente vai saber se deu tudo certo na cirurgia quando o doutor vier avisar.		

- Agora, pensem em que situações cada frase poderia ter sido usada. Depois, apresentem aos demais colegas.

PRODUÇÃO ESCRITA

CARTA PESSOAL

Nesta unidade, você conheceu as características do gênero textual carta. Como você viu, elas têm o objetivo de transmitir uma mensagem a alguém. Para isso, apresentam a seguinte estrutura: local e data, saudação, corpo do texto, despedida e assinatura.

Agora é a sua vez de produzir uma carta. Antes disso, observe algumas informações que deverão nortear a sua produção.

O que vou produzir?
↓
Uma carta pessoal.

Para quem?
↓
Aluno de outra turma da escola.

DEFININDO E REGISTRANDO OS ELEMENTOS DA CARTA PESSOAL

O professor fará uma lista com os nomes e endereços de alunos de outras salas para serem sorteados entre vocês e, assim, definir quem serão os remetentes e os destinatários das cartas a serem produzidas.

Por isso, quando o professor passar a lista, vocês deverão informar os seguintes dados: nome e endereço completos, incluindo o código postal (CEP).

Após todos terem preenchido a lista, o professor colocará papéis com o nome e o endereço de cada aluno em um saquinho e fará o sorteio. Cada um de vocês deverá retirar um papel e descobrir quem será o destinatário da sua carta.

Agora é hora de planejar a sua carta. Para isso, leia as orientações a seguir.

> **CEP** significa Código de Endereçamento Postal e foi criado em 1971. É um conjunto de números formados por oito algarismos, seu objetivo principal é orientar e acelerar o encaminhamento, o tratamento e a distribuição de correspondências, simplificando as fases dos processos de triagem, encaminhamento e distribuição. O CEP permite o uso de equipamentos eletrônicos na triagem das encomendas e correspondências que passam pelos Correios.

A. O primeiro passo é definir o assunto a ser desenvolvido na carta. Procure abordar assuntos que motivem uma resposta do destinatário. Veja as sugestões abaixo.

- FILMES, MÚSICAS OU LIVROS DE QUE MAIS GOSTAM.
- O QUE GOSTA DE FAZER NO FIM DE SEMANA.
- ANIMAL DE ESTIMAÇÃO PREFERIDO.
- ESPORTE FAVORITO.
- ATIVIDADES QUE GOSTA DE FAZER NAS FÉRIAS.

109

B. Esquematize a carta definindo os elementos a seguir.

ELEMENTOS DA CARTA	ANOTAÇÕES
Nome do destinatário	
Local e data	
Saudação	
Assunto a ser desenvolvido	
Despedida	
Assinatura	

PRODUZINDO A CARTA

Faça um rascunho, conforme as orientações a seguir.

A. Inicie a carta escrevendo o local, a data, o nome do destinatário e incluindo a saudação.

B. No primeiro parágrafo da carta, apresente o objetivo com que ela está sendo enviada.

C. Desenvolva o assunto de maneira que o destinatário possa compreendê-lo e se interesse por respondê-la.

D. Ao apresentar o assunto, faça alguns questionamentos para o destinatário sobre algo que você gostaria de saber sobre ele, mantendo um diálogo.

E. Empregue o registro mais adequado à sua carta.

F. Finalize-a com uma expressão de despedida e, por fim, assine-a.

> Se necessário, para produzir sua carta, reveja as características desse gênero. Para isso, volte às questões que as exploram e à seção **Esquematizando**.

AVALIANDO A CARTA

Depois de pronto seu rascunho, avalie seu texto com base nas questões a seguir.

	👍	👎
Você inseriu a data e o local de onde está escrevendo a sua carta?		
A saudação inicial foi adequada ao seu destinatário?		
Você colocou informações interessantes no corpo da carta?		
As informações colocadas na carta incentivam o destinatário a respondê-la?		
O registro empregado está de acordo com a situação comunicativa?		
A sua assinatura foi colocada no final da carta?		

LISTA DE ADEQUAÇÕES

1. _____
2. _____
3. _____
4. _____

Terminados o rascunho e a listagem das adequações a serem feitas, escreva a versão definitiva da carta.

Para isso, você pode:

Escolher um papel de carta colorido.

Elaborar um papel de carta com uma folha de papel sulfite, colorindo-o com lápis de cor.

Incluir na carta algumas ilustrações ou colagens que representem o assunto tratado nela.

PREENCHENDO O ENVELOPE E ENVIANDO A CARTA

Antes de enviar a carta, é preciso saber como preencher o envelope. Para enviar a carta para o seu destinatário, você precisa de um envelope. Observe a seguir as orientações sobre como preenchê-lo.

FRENTE DO ENVELOPE

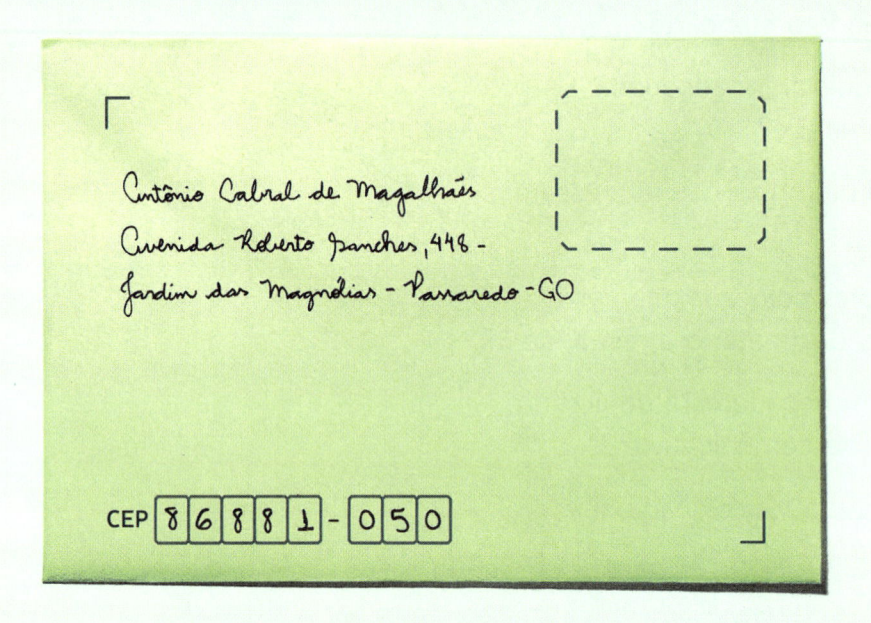

Antônio Cabral de Magalhães
Avenida Roberto Sanches, 448 –
Jardim das Magnólias – Parraredo – GO

CEP 86881-050

VERSO DO ENVELOPE

Remetente: Adelaide Martins de Oliveira
Endereço: Rua das Andorinhas, 25 – Lagoa dos Aguapés – Alto Vale – BA
CEP 37871-285

Ilustrações: José Vitor E. C.

Agora é só preencher seu envelope com os seus dados e os do destinatário. Combinem com o professor um dia para que ele leve suas cartas para os Correios. Após receber o retorno da sua carta, divida a experiência com a turma, contando as suas impressões sobre como foi enviar e receber uma carta. Se desejar, continue se correspondendo com seu destinatário.

CAPÍTULO 6

E-MAIL

CONTEXTUALIZANDO

Neste capítulo, você vai ler uma troca de *e-mail*, gênero textual muito usado hoje em dia. Além disso, saiba mais um pouco sobre o surgimento da internet e a origem do símbolo @.

O SURGIMENTO DA INTERNET

A internet surgiu em 1969 com a Arpanet, uma rede de pesquisas avançadas do Departamento de Defesa dos Estados Unidos. O objetivo era garantir a segurança das informações do governo estadunidense em caso de acidente nas redes de comunicações. O sistema era usado exclusivamente para projetos estratégico-militares. Percebendo que o sistema poderia ser útil para outras pesquisas, a internet começou a ser disponibilizada para uso nas universidades norte-americanas.

A partir de 1990, foram criados *sites* com assuntos mais variados e menos específicos, expandindo o acesso à internet. Ao Brasil, a rede chegou em 1988, limitando-se ao uso de institutos de pesquisa e universidades; só em 1997 é que passou a ganhar popularidade em nosso país.

Mulher ajustando o sistema de computadores de Princeton, Nova Jersey, em 1969.

DE ONDE VEIO O @?

Em todos os endereços eletrônicos, é empregado o símbolo @ (arroba). Apesar de amplamente utilizado no mundo virtual, é um símbolo que existe desde a Idade Média e era empregado por monges copistas em substituição à preposição latina *ad* (para).

Em 1971, ao desenvolver o primeiro programa de correio eletrônico, Ray Tomlinson aproveitou esse símbolo para usá-lo nos *e-mails*. Com isso, o @ ganhou novo uso e passou a separar o nome do remetente do domínio do *e-mail* (nome de um *site* da internet), significando *at* (a preposição "em", em inglês).

Atualmente, ele tem outra utilidade muito comum em redes sociais, servindo para identificar e direcionar menções para usuários específicos em *posts*, fotografias e comentários.

CONVERSANDO

- O texto que você vai ler é um *e-mail*. Você tem um endereço de *e-mail*? Caso tenha, para quem você costuma enviar *e-mails*?
- A troca de correspondência via *e-mail* é uma opção no dia a dia das pessoas. Por que o *e-mail* ganhou tanta popularidade?
- Além do *e-mail*, que outras formas de comunicação *on-line* você conhece e utiliza?

LENDO

No texto a seguir, Tati e Rachel são duas amigas que usam o *e-mail* para se comunicar e contar todas as novidades. Leia as mensagens que elas trocaram.

O *e-mail*, também chamado de correio eletrônico, serve para a troca de correspondências via internet. Esse tipo de comunicação ganha espaço significativo graças à sua rapidez e praticidade. Por isso, a importância de estudá-lo e de compreender suas características e funções, além das situações em que é utilizado.

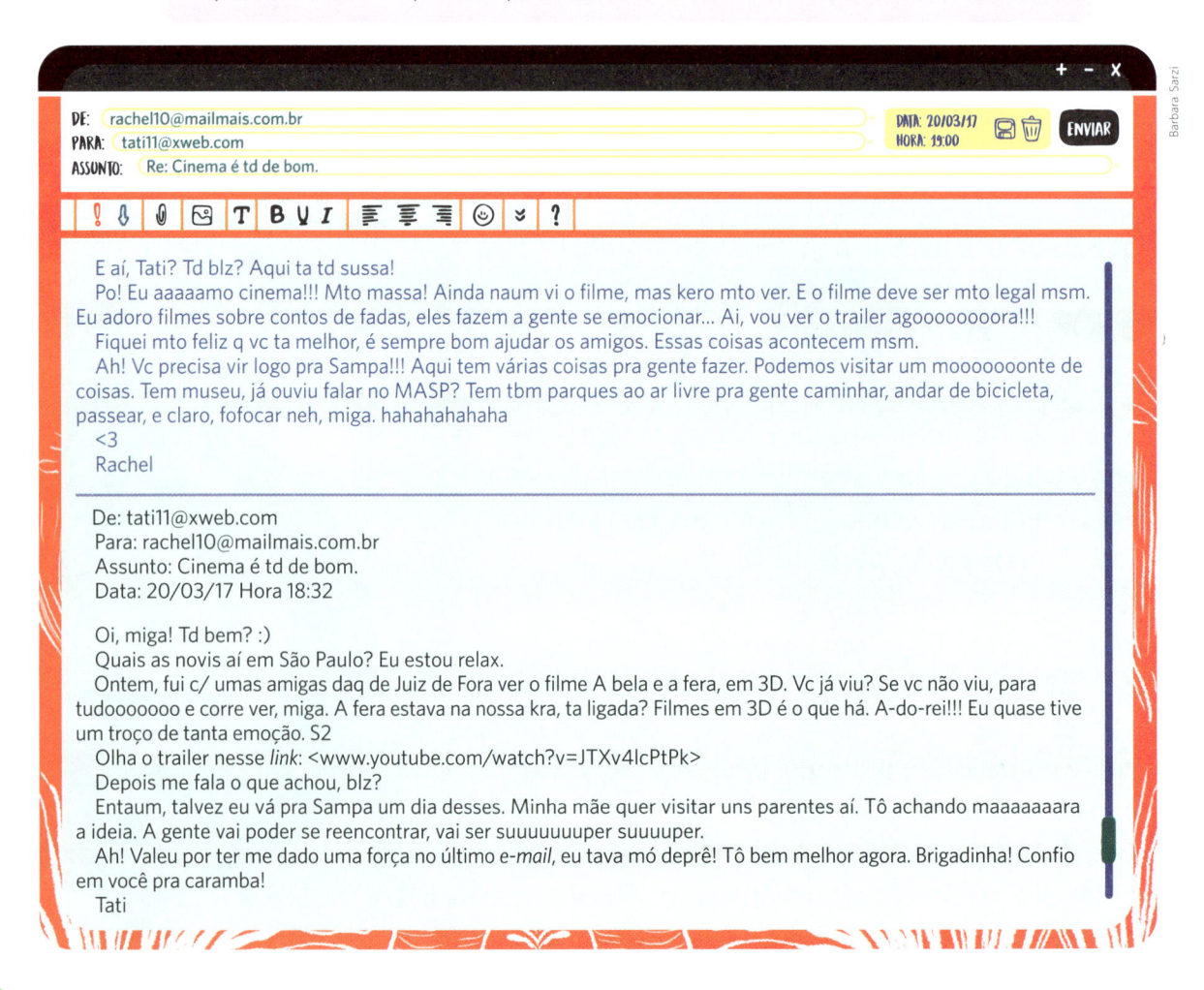

DE: rachel10@mailmais.com.br
PARA: tati11@xweb.com
ASSUNTO: Re: Cinema é td de bom.
DATA: 20/03/17 HORA: 19:00

E aí, Tati? Td blz? Aqui ta td sussa!
Po! Eu aaaaamo cinema!!! Mto massa! Ainda naum vi o filme, mas kero mto ver. E o filme deve ser mto legal msm. Eu adoro filmes sobre contos de fadas, eles fazem a gente se emocionar... Ai, vou ver o trailer agooooooooora!!!
Fiquei mto feliz q vc ta melhor, é sempre bom ajudar os amigos. Essas coisas acontecem msm.
Ah! Vc precisa vir logo pra Sampa!!! Aqui tem várias coisas pra gente fazer. Podemos visitar um mooooooonte de coisas. Tem museu, já ouviu falar no MASP? Tem tbm parques ao ar livre pra gente caminhar, andar de bicicleta, passear, e claro, fofocar neh, miga. hahahahahaha
<3
Rachel

De: tati11@xweb.com
Para: rachel10@mailmais.com.br
Assunto: Cinema é td de bom.
Data: 20/03/17 Hora 18:32

Oi, miga! Td bem? :)
Quais as novis aí em São Paulo? Eu estou relax.
Ontem, fui c/ umas amigas daq de Juiz de Fora ver o filme A bela e a fera, em 3D. Vc já viu? Se vc não viu, para tudoooooooo e corre ver, miga. A fera estava na nossa kra, ta ligada? Filmes em 3D é o que há. A-do-rei!!! Eu quase tive um troço de tanta emoção. S2
Olha o trailer nesse *link*: <www.youtube.com/watch?v=JTXv4lcPtPk>
Depois me fala o que achou, blz?
Entaum, talvez eu vá pra Sampa um dia desses. Minha mãe quer visitar uns parentes aí. Tô achando maaaaaaara a ideia. A gente vai poder se reencontrar, vai ser suuuuuuuper suuuuuper.
Ah! Valeu por ter me dado uma força no último *e-mail*, eu tava mó deprê! Tô bem melhor agora. Brigadinha! Confio em você pra caramba!
Tati

COMPREENDENDO

1. Além de se corresponder com as pessoas, que outras atividades você pode realizar na internet?

___

2. Com qual finalidade Tati enviou um *e-mail* para Rachel?

___

3. Sobre quais assuntos as garotas falam na troca de *e-mails*?

___

4. Tati comenta sobre o filme **A bela e a fera** e envia para Rachel o endereço de um *trailer* dele. Com que objetivo Tati faz isso?

___

EXPLORANDO O E-MAIL

1. Observe o horário em que Tati enviou seu *e-mail* e o horário em que Rachel o respondeu. Com base nisso, explique qual é a vantagem da comunicação via *e-mail*.

___

A palavra *e-mail* é a abreviatura de *electronic mail*, em inglês, que significa correio eletrônico. Assim, ela é empregada com dois sentidos diferentes: para se referir à própria mensagem enviada pela internet ou para se referir ao endereço usado para enviar ou receber mensagens.

2. Quando estudamos as características das cartas, verificamos a importância de definir o **remetente** e o **destinatário**. No e-mail, esses elementos também são necessários.

   A. Identifique-os nos e-mails apresentados na página 114 e escreva-os no quadro.

	1º E-MAIL	2º E-MAIL
REMETENTE		
DESTINATÁRIO		

   B. Qual é a importância desses elementos em um e-mail?

   _____

   _____

3. A carta e o e-mail possuem algumas semelhanças em sua estrutura. Relacione a estrutura a seguir ao seu respectivo significado.

   A Saudação   **B** Corpo do texto   **C** Despedida   **D** Assinatura

   ( ) É a mensagem propriamente dita, em que é desenvolvido o assunto.

   ( ) Indica a finalização do assunto tratado.

   ( ) Frase inicial em que é apresentado um cumprimento.

   ( ) Indica o remetente do e-mail.

4. Por que é importante preencher o campo **assunto** em um e-mail?

   _____

   _____

   _____

5. Antes de produzir um *e-mail*, é preciso saber para quem o estamos enviando, qual é o objetivo e sobre o que iremos tratar. Isso tudo é importante para adequarmos o registro à situação comunicativa.

A. Nos *e-mails* escritos por Tati e por Rachel, há predominância do registro formal ou informal?

_____

B. As meninas empregaram algumas palavras escritas de forma **abreviada**. Veja a seguir alguns exemplos e explique o significado dessas abreviações.

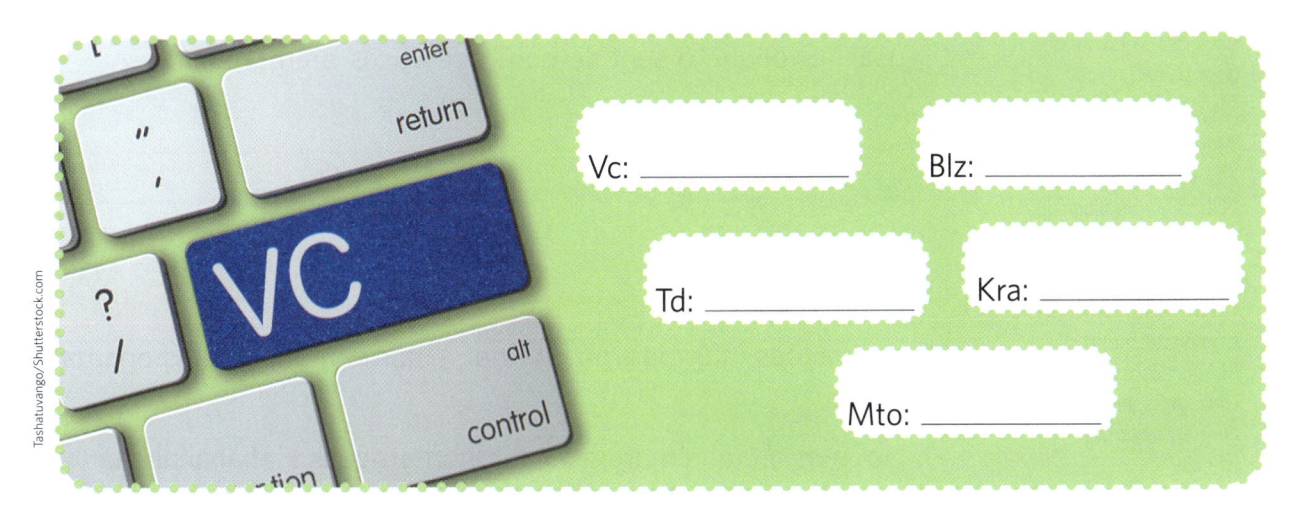

Vc: _____   Blz: _____

Td: _____   Kra: _____

Mto: _____

C. Por que as meninas empregam formas abreviadas nos *e-mails*?

_____

D. Reúna-se com um colega e escrevam algumas reduções e abreviações que vocês conhecem porque já usaram ou porque já viram alguém usando na internet. Expliquem o significado de cada uma delas.

_____

_____

_____

_____

_____

> As **gírias** são uma variedade da língua usada com o objetivo de estabelecer a comunicação entre falantes de um determinado grupo social.

6. Nesses *e-mails*, as meninas empregam algumas **gírias**.

A. Identifique nos *e-mails* alguns exemplos de gírias.

_____

_____

B. Há alguma gíria que você ainda não conhecia, mas foi possível descobrir o significado pelo contexto? Qual?

_____

C. Quando você está com os seus amigos, que gíria costuma usar? Explique o sentido com que vocês a empregam.

_____

_____

_____

> No Brasil, **hahaha** é a forma mais comum de se representar uma risada em textos de internet.
>
> Nos países de língua inglesa, é muito empregada a palavra **LOL** (sigla de *laughing out loud*), que significa "rindo alto".
>
> Em países de língua espanhola, como o México, a Argentina, o Chile, a Espanha, é comum a forma **jajajaja**.
>
> Veja como se ri na internet nestes países.
> - Indonésia: wakakaka.
> - Rússia e Grécia: xaxaxaxa.
> - Tailândia: 555555.

7. Em situações informais na internet, é comum utilizarmos **onomatopeias**.

A. No *e-mail*, foi empregada a onomatopeia **Hahahahahaha**. O que ela significa?

_____

_____

B. Que outras onomatopeias, com essa mesma finalidade, você conhece?

_____

8. Releia os seguintes trechos e assinale as alternativas que explicam o efeito de sentido da **repetição de vogais**.

> Tô achando **maaaaaaara** a ideia.

> A gente vai poder se reencontrar, vai ser **suuuuuuuper suuuuper**.

◯ Intensifica o sentido das palavras.

◯ Apresenta outro sentido das palavras.

◯ Demonstra a empolgação da personagem.

9. Identifique e escreva no quadro os elementos presentes no *e-mail*.

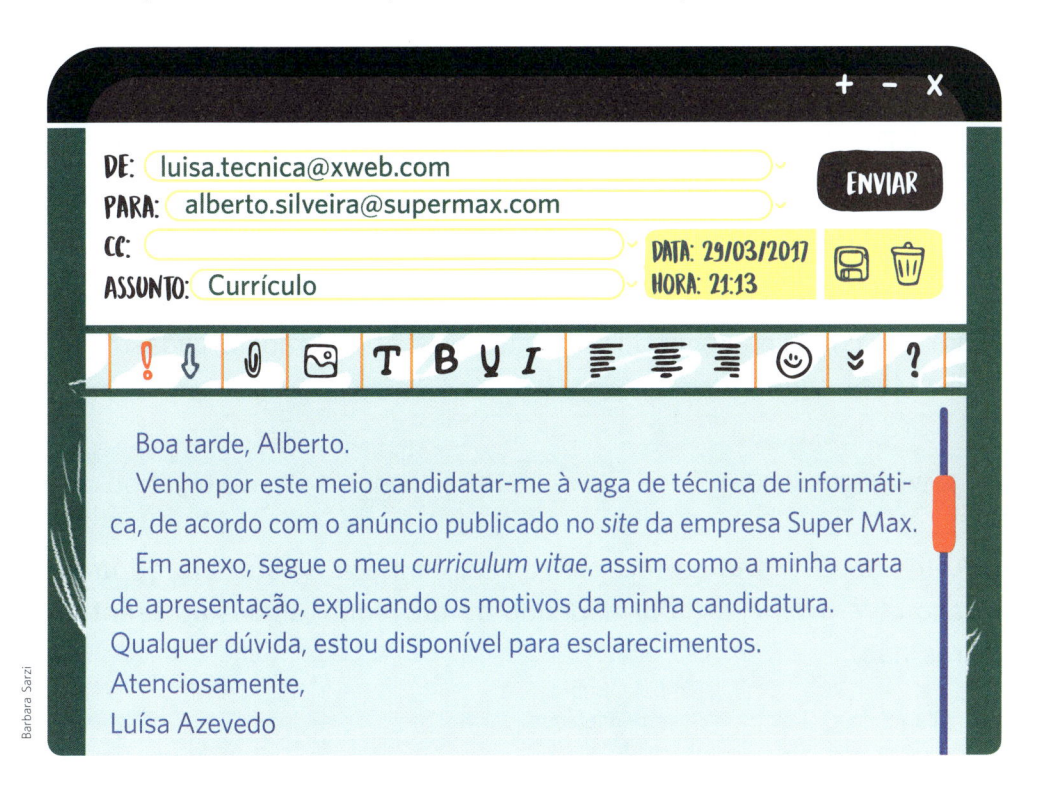

DE: luisa.tecnica@xweb.com
PARA: alberto.silveira@supermax.com
CC:
ASSUNTO: Currículo
DATA: 29/03/2017
HORA: 21:13

Boa tarde, Alberto.
　Venho por este meio candidatar-me à vaga de técnica de informática, de acordo com o anúncio publicado no *site* da empresa Super Max.
　Em anexo, segue o meu *curriculum vitae*, assim como a minha carta de apresentação, explicando os motivos da minha candidatura. Qualquer dúvida, estou disponível para esclarecimentos.
Atenciosamente,
Luísa Azevedo

Barbara Sarzi

REMETENTE	
DESTINATÁRIO	
ASSUNTO	
DESPEDIDA	
ASSINATURA	

• Por que o registro empregado é predominantemente formal?

_____
_____
_____
_____

Os *e-mails* podem ter diferentes objetivos. Conheça alguns deles.
- **E-mail** pessoal: costuma ser particular e usado para troca de mensagens com amigos, parentes e assuntos de interesse próprio. Muitos servidores oferecem esse serviço sem cobrar do usuário, como o Gmail e o Outlook.
- **E-mail** corporativo: é a conta utilizada em empresas, para assuntos de trabalho. Não é utilizado para assuntos pessoais. Esse tipo de *e-mail* normalmente está associado ao domínio da empresa.

10. Caso você ainda não tenha um *e-mail*, que tal criar um? Basta escolher um *site* como os sugeridos a seguir e fazer um rápido cadastro. É simples, fácil e gratuito.

www.gmail.com   www.hotmail.com   www.yahoo.com.br

Antes de criar seu correio eletrônico, conheça a estrutura de um endereço de *e-mail*. A sigla **br** depende do provedor (alguns apresentam, outros não).

Seu nome, apelido ou algo que o represente. → nome

Símbolo empregado em endereços eletrônicos. → @

Empresa que possibilita o acesso (gmail, hotmail, por exemplo). → provedor

Significa comercial. → .com

Sigla de Brasil. → .br

nome@provedor.com.br

1º PASSO
Acesse um dos *sites* indicados acima e cadastre-se, informando seus dados pessoais.

2º PASSO
Crie seu endereço de *e-mail* e uma senha, que deverá ser digitada toda vez que você for acessá-lo.

3º PASSO
Para testá-lo, envie um *e-mail* para alguém conhecido.

APÓS CRIAR SEU ENDEREÇO DE E-MAIL, INSIRA-O AQUI.

NOME	@	PROVEDOR	.com	[.br]

OUTRAS FORMAS DE SE COMUNICAR PELA INTERNET

Além dos *e-mails*, há outras formas de se comunicar pela internet. As redes sociais são um exemplo disso. Elas permitem que as pessoas compartilhem dados e informações de diferentes conteúdos, como cultura, política, esportes e, inclusive, assuntos pessoais. As formas de se comunicar nessas redes são variadas.

A rede social **Facebook** foi criada em 2004, por Mark Zuckerberg, e hoje é uma das mais utilizadas no mundo todo. Pelo Facebook, podemos rapidamente trocar mensagens com amigos e familiares distantes e comentar — ou apenas curtir — as postagens de outras pessoas. Além disso, ele possui um recurso chamado *stories*, com o qual o usuário pode compor uma breve história de momentos da sua vida, utilizando fotografias e vídeos, e postá-la em sua linha do tempo.

O **Twitter** também é uma rede social, mas nele as mensagens só podem ter até 140 caracteres (letras, símbolos, números, pontuação e espaços). Por isso, a linguagem no Twitter é cheia de abreviações e expressões para simplificar o que se quer dizer. Um dos recursos mais populares nessa rede é a *hashtag*, representada pelo símbolo # (jogo da velha), uma maneira de identificar algum conteúdo e facilitar a pesquisa de *posts* sobre determinado tema. É muito usada durante eventos ou ocasiões especiais.

O **Snapchat**, diferentemente do Facebook e do Twitter, é um aplicativo para *smartphones*. É utilizado para trocas de mensagens instantâneas, podendo ser fotografias, vídeos, *stories* e pequenos textos, que são enviados para os contatos escolhidos e podem ser vistos apenas pelo tempo predeterminado pelo usuário, sendo automaticamente apagados após a visualização. É possível aplicar diversos filtros nas fotografias, criando efeitos divertidos.

O **Instagram** também possui a função *stories*. Nessa rede social, os usuários têm a opção de curtir e comentar as fotografias ou vídeos postados por outras pessoas. No Instagram, é comum o uso de *hashtags* para marcar os assuntos relacionados à publicação. Isso ajuda os usuários a encontrar outras postagens com o mesmo tema, mesmo que você não siga o usuário que as postou.

NETIQUETA, A ETIQUETA ON-LINE

A chamada **netiqueta** é um conjunto de regras de boas maneiras que fazem da internet um meio mais agradável e eficiente de comunicação. Seu uso, embora dependa de cada um, é importante para evitar mal-entendidos *on-line*. Ao escrever qualquer mensagem *on-line*, algumas regras devem ser observadas. Veja algumas a seguir.

- **Letras maiúsculas:** empregar apenas letras maiúsculas pode sugerir que o autor está gritando. Sendo assim, evite abusar do uso de maiúsculas para não parecer rude.

- **Correntes e *spams*:** é recomendado evitar compartilhar mensagens e *posts* com propagandas ou correntes, pois, além de serem desagradáveis, esses textos podem conter informações falsas.

- **Texto produzido:** procure sempre especificar o assunto e ser objetivo. As mensagens devem ser curtas e diretas, facilitando e agilizando a comunicação.

- **Respeito:** devemos ser cordiais também na internet. É importante saber os limites entre a liberdade de expressão e a intolerância, por isso, sempre respeite opiniões contrárias às suas.

- ***Emoticons* e *emojis*:** essas ferramentas são usadas como recursos para demonstrar sentimentos ou descontrair a mensagem. Usá-las em excesso pode prejudicar a leitura ou não ter seu significado claro para todos.

SUGESTÃO DE FILME

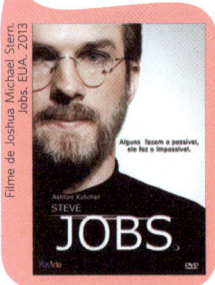

Steve Jobs foi um dos cofundadores, presidente e diretor executivo da empresa estadunidense Apple Inc. Além disso, foi diretor da empresa de animação gráfica Pixar e acionista na The Walt Disney Company. O filme **Jobs** é biográfico e conta a história desse homem que é considerado o responsável por revolucionar a indústria da informática.

Capa do DVD do filme **Jobs**, dirigido por Joshua Michael Stern, lançado em 2013.

ESQUEMATIZANDO

E-MAIL

CARACTERÍSTICAS
- Destinatário.
- Saudação.
- Corpo do texto.
- Despedida.
- Assinatura.

OBJETIVO
Enviar uma mensagem via internet, de modo a se comunicar com alguém.

PÚBLICO-ALVO
Pessoas que utilizam a internet para se comunicar.

AMPLIANDO A LINGUAGEM

VARIAÇÃO LINGUÍSTICA

INTERNETÊS, A LINGUAGEM DA INTERNET

PEDRO

E aí, blz? Fds vai rolar uma festa em casa e vc tá convidado :D

Vlw! Vou com ctz! Qq coisa te ligo mais tarde pra gnt combinar ;)

1. Leia a troca de mensagem ao lado.

   A. Escreva os significados das seguintes abreviações.

   fds: _____

   vlw: _____

   ctz: _____

   gnt: _____

   B. Por que, em mensagens de celular, essas expressões são usuais?

   _____

> O **internetês** é uma variedade linguística que pode ser empregada em *blogs*, redes sociais e em situações informais de comunicação, como mensagens de celular ou aplicativos. Atualmente, a troca de mensagens é feita com muita praticidade.

EMOTICONS E EMOJIS

Os *emoticons* e os *emojis* são uma forma de linguagem empregada pelos usuários da internet. Os *emoticons* eram produzidos pela combinação dos caracteres do teclado do computador; atualmente também são representados por imagens. Já os *emojis* são ideogramas que representam vários tipos de emoções, objetos, animais, alimentos e outros elementos; são populares principalmente nos *smartphones*. Os *emoticons* e os *emojis* são utilizados em mensagens informais.

Em mensagens de *e-mail* ou de aplicativos de mensagem instantânea, postagens nas redes sociais, *posts* e comentários em *blogs* e outros *sites*, é comum os usuários da internet escreverem de forma a se aproximar da oralidade, utilizando, por exemplo, **onomatopeias** (kkkkkkkkkk), **vogais ou consoantes alongadas** (muuuuuuito; graaaaaande), **economia de letras** (poco, pra, loco), entre outros recursos.

No entanto, é importante destacar que a linguagem empregada pelos usuários da internet é aceita no universo da internet. Em situações formais de comunicação, não é apropriado utilizá-la.

EMOTICONS

EMOTICONS CONSTRUÍDOS NO TECLADO

:) sorriso

<3 coração

:O espanto

:* beijos

EMOJIS

VARIAÇÃO REGIONAL

A **variação regional** refere-se à diversidade linguística empregada, por exemplo, entre uma região e outra do Brasil, entre o português brasileiro e o português de Portugal ou entre os países lusófonos.

2. Observe a tirinha a seguir.

CEDRAZ, Antônio. **Xaxado ano 1**: 365 tiras em quadrinho. Salvador: Editora e Estúdio Cedraz, 2011. p. 66.

A. Você já ouviu a palavra **arraia**? Pelo contexto da tirinha, a que ela se refere?

B. Como esse objeto é chamado na região em que você vive?

C. Considerando as características do personagem Arturzinho, por que ele afirma que prefere seu aviãozinho eletrônico a uma arraia?

D. Ao longo de todo o Brasil, há diversas palavras empregadas para se referir a **arraia**. Faça uma pesquisa e liste alguns exemplos, indicando a localidade onde são usuais.

3. Veja o mapa a seguir para conhecer como a guloseima **bala** é chamada em diferentes lugares do Brasil.

GULOSEIMA BALA NAS CAPITAIS BRASILEIRAS

Fonte: CARDOSO, Suzana A. M. S. e outros. **Atlas linguístico do Brasil**. Cartas linguísticas 1. Londrina: Eduel, 2014. v. 2.

A. De acordo com o mapa linguístico, como é chamada a guloseima **bala** na capital do estado em que você mora?

_____

B. Você conhecia todos esses nomes para essa guloseima? Quais outras denominações você conhece?

_____

C. Qual desses nomes foi encontrado em quase todas as capitais? Em quais capitais ele foi registrado como única resposta?

_____

_____

D. Qual capital apresentou maior diversidade de denominações para essa guloseima? Quais foram as variantes registradas?

_____

_____

VARIAÇÃO SOCIAL

A **variação social** ocorre de acordo com a idade, a escolaridade, o sexo e a classe social dos falantes.

4. Leia a tirinha a seguir.

[Tirinha: Quadrinho 1 - Professora: "PREPAREM-SE... AMANHÃ VAMOS AO JARDIM ZOOLÓGICO". Quadrinho 2 - Crianças: "OBA! ÊÊÊÊÊ... IARRU! VAMOS SOLTAR OS BICHOS!". Quadrinho 3 - Menino Maluquinho para a professora: "É SÓ GÍRIA, PROFESSORA! SÓ GÍRIA!"]

Ziraldo. O Menino Maluquinho. Porto Alegre: L&PM, 1991. p. 24.

A. No segundo quadrinho da tirinha, foi empregada a expressão **soltar os bichos**. Quais são as duas possibilidades de sentido dessa expressão, considerando o contexto?

_____

B. Com qual sentido Menino Maluquinho emprega essa expressão?

_____

C. Geralmente, essas expressões são empregadas no dia a dia por qual grupo social?

_____

D. E você, no dia a dia, que palavras costuma empregar com o mesmo sentido das expressões da tirinha?

_____

_____

E. Expressões como **soltar os bichos** são empregadas em situações comunicativas mais ou menos informais? Comente.

_____

_____

_____

5. Leia o texto a seguir.

> No começo do ano, lá na classe, vieram avisar que, no mês que vem, vai ter eleições pra escolher o novo Grêmio.
>
> Eu curto o agito de antes das eleições, apesar de não ser muito sociável.
>
> Formam-se montes de grupos, todos se registram com os nomes mais malucos possíveis e bolam campanhas doidíssimas. Agenda séria poucos têm, mas a farra é geral.
>
> Este ano fui convidada para fazer parte de um grupo. Fiquei meio com medo de me expor, mas aceitei. O pessoal que me convidou é muito cheio de imaginação e a eleição acaba sendo quase um pretexto pra se encontrar.
>
> PERLMAN, Alina. **O jeitão da Turma**. São Paulo: Saraiva, 2003. p. 44. (Coleção Jabuti).

A. É possível concluir a fase da vida à qual a narradora pertence?

_____

B. Que elementos comprovam isso?

_____

_____

C. No trecho predomina que registro? Comprove com exemplos.

_____

_____

> Como você viu anteriormente, as **gírias** são palavras ou expressões comuns a um determinado grupo social e empregadas em contextos informais. Além disso, elas constituem uma variedade da língua, usada com o objetivo de estabelecer a comunicação entre falantes de um grupo específico de pessoas (por exemplo, surfistas, *skatistas*, *rappers*), diferenciando-o de outros. As gírias são exemplos de **variação social**.

6. Reúna-se com um colega e façam uma pesquisa de gírias empregadas pelos grupos sociais a seguir.

SKATISTAS	RAPPERS	BIKERS	CAPOEIRISTAS

7. Leia os trechos a seguir.

> **A**
>
> Pesquisadores do Instituto de Neurociência da Universidade do Estado de Geórgia conseguiram modificar os padrões cerebrais de duas espécies diferentes de animais para fazê-las comportarem-se do mesmo modo. O grupo utilizou duas variações dos moluscos nudibrânquios para o experimento, o *Melibe leonina* e o *Dendronotus iris*.
>
> Baseando-se em um estudo anterior, os cientistas sabiam que as duas espécies possuíam basicamente o mesmo sistema nervoso e jeito de movimentar-se pela água, mas não o mesmo circuito neurológico para completar a tarefa.
>
> Cientistas fazem com que animais diferentes se comportem do mesmo jeito. Revista Galileu. 5 jun. 2017. Disponível em: <http://revistagalileu.globo.com/Ciencia/noticia/2017/06/cientistas-fazem-com-que-animais-diferentes-se-comportem-do-mesmo-jeito.html>. Acesso em: 9 jun. 2017.

> **B**
>
> **Advocacia voluntária é tema da entrevista da semana**
>
> [...]
>
> Para entender quem são e como atuam esses profissionais, entrevistamos Dr. Marcos Roberto Fuchs, diretor-executivo do Instituto Pro Bono, um programa de fomentação de advocacia voluntária.
>
> **Meu Advogado:** Em linhas gerais, qual a diferença entre a atuação do advogado como voluntário e *pro bono*?
>
> **Dr. Marcos:** A tradução literal da expressão latina *pro bono* é "para o bem". O trabalho *pro bono* caracteriza-se como uma atividade gratuita e voluntária. O que diferencia o voluntariado da atividade *pro bono*, entretanto, é que esta é exercida com caráter e competências profissionais, mantendo, ainda sim, o fato de ser uma atividade não remunerada.
>
> A advocacia *pro bono* significa, portanto, advocacia para o bem. E pode ser definida como a prestação gratuita de serviços jurídicos na promoção do acesso à Justiça.
>
> [...]
>
> Advocacia voluntária é tema da entrevista da semana. Disponível em: <www.meuadvogado.com.br/entenda/advocacia-voluntaria-e-tema-da-entrevista-da-semana.html>. Acesso em: 30 mar. 2017.

A. Que diferenças há entre o texto **A** e o **B** quanto à linguagem?

_____

B. A que público cada texto é destinado? Justifique.

_____

_____

_____

VARIAÇÃO HISTÓRICA

As mudanças que uma língua sofre com o passar do tempo são chamadas de **variação histórica**. Exemplo disso são algumas palavras da língua que tiveram sua grafia alterada. A esse processo de evolução da língua, dá-se o nome de **mudança linguística**. Além de mudanças na grafia, com o tempo, muitas palavras se tornam ultrapassadas e acabam sendo substituídas por outras. É o caso, por exemplo, de **janota**, que significa **rapaz**. A essas alterações, a que algumas palavras foram submetidas ao longo do tempo, dá-se o nome de **variação histórica**.

8. O anúncio publicitário reproduzido ao lado foi criado em 1914. Perceba como algumas palavras estão escritas de maneira diferente da que costumamos empregar. Observe-o atentamente e, depois, responda às questões.

Anúncio publicitário de uma indústria de máquinas agrícolas, veiculado em 1914.

NOSSO SÉCULO. São Paulo: Abril Cultural, 1981. p. 141. v. 2.

A. Quais palavras estão escritas de maneira diferente da que empregamos atualmente?

_____
_____
_____
_____

B. Como essas palavras são grafadas hoje em dia?

_____
_____
_____

PRODUÇÃO ESCRITA

E-MAIL

Como você estudou neste capítulo, o *e-mail* é um gênero textual veiculado em um sistema eletrônico. O registro empregado pode ser formal ou informal, a depender do interlocutor e da situação comunicativa. Agora, é a sua vez de se preparar para a produção de um *e-mail*. Para isso, escolha uma das opções a seguir.

PROPOSTA 1 →
Destinatário: responsável pelo jornal da cidade ou da região.
Objetivo: solicitar uma visita da sua turma a esse veículo de comunicação para vocês conhecerem como ocorrem o trabalho e a comunicação dentro dele.

PROPOSTA 2 →
Destinatário: algum familiar ou amigo.
Objetivo: combinar um passeio no parque da cidade ou uma ida ao cinema, por exemplo.

CONHECENDO OS RECURSOS DISPONÍVEIS NO E-MAIL

Para escrever seu *e-mail*, você deverá entrar na sua conta no *site* em que se cadastrou, introduzindo seu *login* (endereço de *e-mail* criado por você) e sua senha. Quando a página do seu *e-mail* abrir, perceba que ele apresenta diversas ferramentas e recursos. Observe a seguir a função de alguns recursos disponíveis nos *e-mails* que você poderá utilizar.

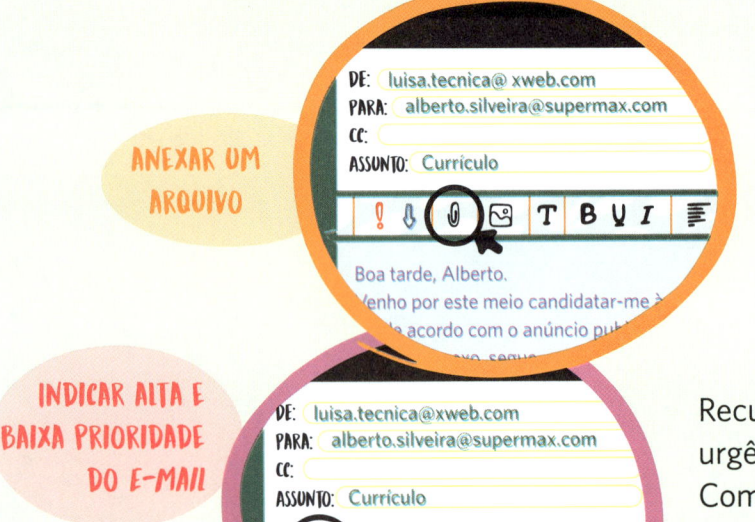

ANEXAR UM ARQUIVO

Recurso empregado para enviar arquivos que estão relacionados com a mensagem escrita no corpo do *e-mail*.

INDICAR ALTA E BAIXA PRIORIDADE DO E-MAIL

Recurso empregado para indicar a urgência ou não de um *e-mail*. Com base nisso, o destinatário, quando acessar a caixa de entrada de seu *e-mail*, saberá qual deles deve visualizar e responder primeiro.

Ilustrações: Barbara Sarzi

ENVIAR CÓPIA

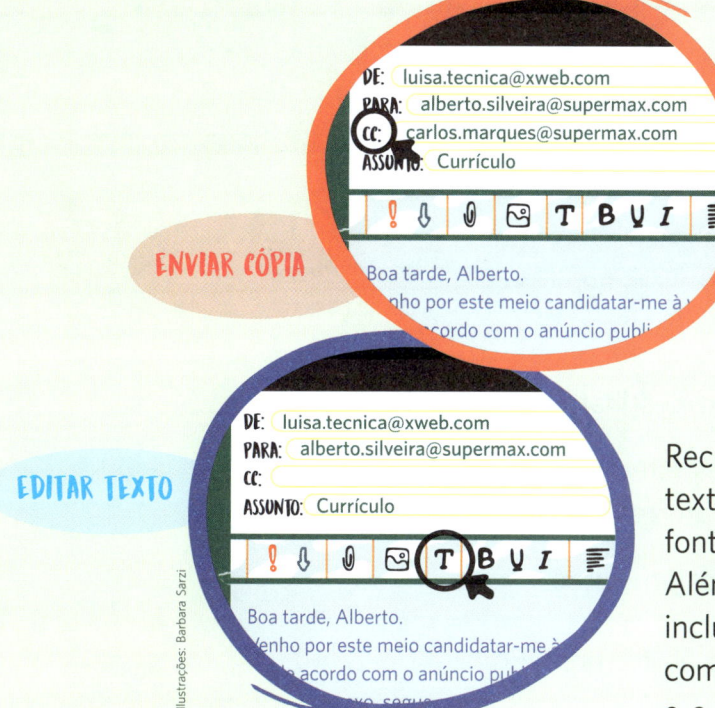

Recurso empregado para enviar uma cópia do *e-mail* (inclusive dos anexos) para uma ou mais pessoas. Basta clicar neste ícone e adicionar o endereço eletrônico de outras pessoas.

EDITAR TEXTO

Recurso empregado para editar o texto do *e-mail*, utilizando cores, fontes e tamanhos de letras distintos. Além disso, pode ser usado para incluir outras marcações no texto, como o sublinhado, o itálico, o negrito e o marca-texto.

Ilustrações: Barbara Sarzi

ESCREVENDO O E-MAIL

Agora, comece a produção do seu *e-mail*.

A. Inicie o *e-mail* inserindo o endereço eletrônico do destinatário.

B. Se achar interessante, inclua outro destinatário em cópia **CC:**.

C. Em seguida, especifique o assunto, lembrando-se de que ele deve ser bastante objetivo e esclarecedor sobre o que será tratado.

D. Se achar interessante, indique a prioridade do seu *e-mail* (alta ! ou baixa ⇩).

E. Decida se você irá anexar um arquivo.

F. Desenvolva seu texto apresentando o assunto e o objetivo do *e-mail*.

G. Empregue um registro adequado ao destinatário.

H. Quando terminar de escrever o *e-mail*, edite-o, aplicando fontes, cores e tamanhos de letras que você desejar.

I. Finalize o *e-mail* com a despedida e depois assine-o. Tanto a despedida quanto a assinatura devem estar de acordo com o tipo de registro empregado.

AVALIANDO O E-MAIL

Antes de enviar seu *e-mail* para o destinatário, verifique se você inseriu todas as informações adequadamente.

	👍	👎
Foi inserido o destinatário no *e-mail*?		
A saudação inicial foi adequada ao destinatário?		
No corpo do *e-mail* há informações interessantes para que o destinatário sinta interesse em respondê-lo?		
O assunto e o objetivo do *e-mail* estão claros?		
O registro empregado é adequado ao destinatário?		
Foi inserida uma despedida ao final do *e-mail*?		
A assinatura foi incluída?		

Anote a seguir os itens que você precisa ajustar no seu texto.

LISTA DE ADEQUAÇÕES

1. _____
2. _____
3. _____
4. _____

Após fazer as adequações necessárias, releia seu *e-mail* e observe se foram consideradas todas as características do gênero que você acabou de estudar. Por fim, envie seu *e-mail* para o destinatário.

Ao final da atividade, façam uma roda de conversa e avaliem o processo da criação de *e-mail*, apontando o que foi mais difícil durante o trabalho.

CUIDADOS A SEREM TOMADOS COM O E-MAIL

Tenha sempre um programa antivírus em seu computador, pois ele previne que você receba e envie vírus por *e-mail*. Assim, mantenha seu antivírus configurado para analisar todos os *e-mails* recebidos e os anexos que os acompanham.

GOLPES

Infelizmente, algumas situações podem danificar o seu computador, por meio de propostas aparentemente muito interessantes ou vantajosas, ou levando o usuário a instalar programas espiões no próprio equipamento. Jamais abra anexos vindos dessas fontes!

Assim, sempre que receber por *e-mail* qualquer proposta muito atraente, curiosa ou escandalosa, desconfie e não abra se não conhecer a pessoa que envia ou se o assunto não estiver bem especificado.

Além disso, nunca forneça dados pessoais solicitados por *e-mails* cujos remetentes você não conheça.

SPAM

Além de vírus, o *e-mail* também pode trazer *spam*, aquelas mensagens indesejáveis, geralmente de propaganda, correntes.

Um bom programa ou um bom provedor de *e-mail* podem lhe ajudar bastante a evitar o recebimento desses *spams*. Alguns antivírus também oferecem serviços para filtrá-los.

SUGESTÃO DE LEITURA

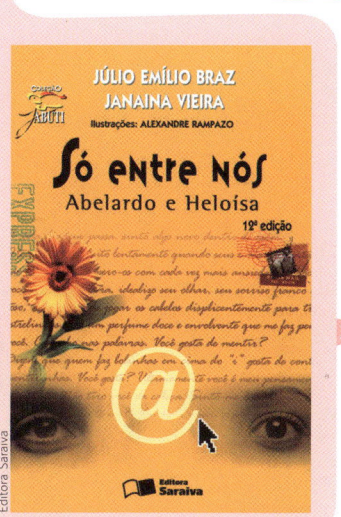

O livro **Só entre nós: Abelardo e Heloísa** mostra a história de dois adolescentes que se conhecem pela internet e passam a se corresponder por cartas e *e-mails*, trocando confidências e compartilhando experiências do dia a dia. Ao longo de suas conversas, falam sobre o amor e a amizade.

Capa do livro **Só entre nós: Abelardo e Heloísa**, escrito por Júlio Emílio Braz e Janaina Vieira.

UNIDADE 4
NOTÍCIA E TEXTO DE OPINIÃO

A. Você já assistiu ao filme mostrado na imagem? Comente com os colegas.

B. O que os personagens representados no fotograma estão fazendo? Com que finalidade você acha que eles fazem isso?

C. De que forma você se mantém informado no dia a dia?

D. O jornal (impresso ou digital) é um suporte que permite a circulação de diversos gêneros textuais, como notícias, crônicas, artigos de opinião. Cite outros gêneros que podem ser encontrados em um jornal.

Fotograma do filme **Marley e eu**, dirigido por David Frankel, lançado em 2008.

Filme de David Frankel. Marley & Eu. EUA, 2008. Foto: FOX 2000 PICTURES/REGENCY ENTERPRISES/Album/Latinstock

CAPÍTULO 7 — NOTÍCIA

CONTEXTUALIZANDO

Neste capítulo, você vai conhecer as características do gênero notícia. Antes disso, conheça um pouco sobre o surgimento do jornal.

SURGIMENTO DO JORNAL

O interesse humano pela divulgação de acontecimentos sociais não é recente. No Império Romano, por exemplo, já havia uma espécie de boletim que informava à população sobre batalhas, jogos, cerimônias religiosas, entre outros eventos, e esse tipo de boletim-mural esteve presente em outras civilizações antigas, como no Egito e na Grécia.

Produção de periódicos, em uma fábrica de impressão.

No entanto, foi Johannes Gutenberg (1398-1468), inventor dos tipos móveis (letras ou símbolos cuja combinação forma as palavras ou outros caracteres de um texto), que possibilitou o surgimento dos primeiros jornais impressos. Mas, apenas após a Revolução Francesa, no século XVIII, é que o jornal começou a ficar parecido com o que conhecemos hoje.

No Brasil, até 1808, toda e qualquer publicação e/ou divulgação, como livros, jornais, panfletos, entre outros impressos, era proibida, pois a Corte portuguesa queria ter controle sobre o que as pessoas pensavam. O primeiro jornal publicado oficialmente foi a **Gazeta do Rio de Janeiro**, em 1808, quando D. João VI chegou ao país e criou a Imprensa Régia.

Na **Gazeta**, eram publicados somente documentos oficiais e notícias sobre a realeza europeia. Em paralelo à **Gazeta**, o jornalista Hipólito José da Costa lançou o **Correio Braziliense**, impresso em Londres e trazido ao Brasil de forma clandestina. Esse jornal tinha como principal objetivo expor os equívocos administrativos do país. Até o século XIX, a imprensa brasileira não tinha um caráter de noticiário como ocorre atualmente, mas sim um caráter de defesa de ideias políticas, econômicas, filosóficas.

Nos dias de hoje, as notícias e outros gêneros jornalísticos podem ser veiculados em jornais impressos, digitais, radiofônicos e televisivos.

CONVERSANDO

- Em sua opinião, com que intenção as pessoas costumam ler notícias?
- Na sua casa, você ou seus familiares têm o hábito de ler/ouvir notícias? Em quais veículos? Comente com seus colegas.
- Com base no título da notícia a seguir, sobre o que você imagina que ela irá tratar?

LENDO

As notícias tratam sobre os mais variados temas e, muitas vezes, abordam assuntos que geram polêmicas ou reflexões importantes, como é o caso da notícia que você irá ler agora. Vamos conferir?

Menino corta cabelo igual ao de amigo para 'confundir' professora

Jax, de 5 anos, sugeriu que corte de cabelo fosse igual ao de amigo negro. Mãe compartilhou caso no Facebook para mostrar que crianças só desenvolvem preconceito quando são ensinadas a segregar

Uma mãe americana compartilhou no Facebook uma lição de amizade e harmonia que lhe foi dada pelo filho de cinco anos. Segundo o relato de Lydia Stith Rosebush, seu filho Jax Rosebush, de 5 anos, pediu que seu novo corte de cabelo fosse igual ao de seu amigo Reddy. De acordo com ela, o corte semelhante faria com que a professora não fosse capaz de diferenciá-los na sala de aula de uma escola em Louisville.

A mãe do garoto branco compartilhou a conversa com o filho e também uma foto dos dois amigos durante o Natal, apontando que todos poderiam ver as semelhanças. "Se isso não é uma prova de que o ódio e o preconceito é algo que é ensinado, eu não sei o que é", escreveu Lydia. "A única diferença que Jax vê entre eles dois é o cabelo", afirmou.

Depois da repercussão da publicação, feita no domingo (24), a família decidiu que nesta terça-feira ele poderia ir ao cabeleireiro acompanhado do amigo para, enfim, raspar o cabelo. O momento foi registrado pela imprensa local e por fotógrafo da Associated Press.

Reddy e seu irmão mais velho, Enock, nasceram na África e foram adotados com 2 e 4 anos, respectivamente, por um pastor batista e sua esposa, que são brancos.

Jax e Reddy sorriem após corte de cabelo: amigo branco pediu corte raspado, pois assim acreditava que professora não seria capaz de distingui-los.

Menino corta cabelo igual ao de amigo para 'confundir' professora. Disponível em: <http://g1.globo.com/educacao/noticia/menino-corta-cabelo-igual-ao-de-amigo-para-confundir-professora.ghtml>. Acesso em: 13 maio 2017. G1.

COMPREENDENDO

1. As hipóteses que você levantou antes da leitura se confirmaram depois que você leu o texto? Comente.

2. O que você achou da atitude de Jax Rosebush?

ATITUDE CIDADÃ

O preconceito ocorre quando as pessoas julgam as outras sem exame ou análise crítica. No Brasil, com a promulgação da Constituição de 1988, a prática de racismo passou a ser considerada um crime inafiançável e imprescritível. Racismo é praticar, induzir ou incitar a discriminação ou preconceito de raça, cor, etnia, religião ou procedência nacional. A pena para esse tipo de crime é de reclusão de 1 a 3 anos, além de multa.
- Você já presenciou alguma cena de preconceito racial? Como você reagiu diante dela?
- O que você acha que leva as pessoas a se tornarem preconceituosas umas com as outras?
- De que maneiras o preconceito pode se manifestar em nossa sociedade?

3. Com que intenção Jax quis cortar o cabelo igual ao do amigo?

4. Lydia diz que "A única diferença que Jax vê entre eles dois é o cabelo".

   A. O que isso revela em relação à forma como Jax percebe o amigo?

   B. O que a mãe concluiu com base nesse exemplo?

5. É comum algumas notícias se propagarem e atingirem um número significativo de visualizações na internet.

   A. Após a mãe de Jax postar o ocorrido na rede social, houve grande repercussão. De que forma as redes sociais contribuíram para isso?

   B. Por que a notícia repercutiu tanto, especialmente nas redes sociais?

EXPLORANDO A NOTÍCIA

1. Em que veículo de comunicação essa notícia foi publicada? Em que outros veículos podemos encontrar notícias?

_____
_____
_____

2. O primeiro elemento que se destaca em uma notícia é o **título**, também chamado de **manchete**. Identifique a manchete da notícia lida e, em seguida, localize o tempo verbal.

_____
_____

3. Veja, a seguir, outras manchetes de notícias.

A

Alemanha propõe rigor e multa para notícia falsa

Disponível em: <www.valor.com.br>.
Acesso em: 17 maio 2017.

B

Tempestade de neve cobre Nova York de branco

Disponível em: <https://oglobo.globo.com>.
Acesso em: 17 maio 2017.

A. Em que tempo estão os verbos das manchetes acima?

_____

B. Por que esse tempo verbal é frequente em manchetes?

_____
_____
_____

C. Com que função as manchetes são empregadas em uma notícia?

_____
_____

> O trecho que aparece logo após a manchete, em uma notícia, é chamado de **linha fina** ou **subtítulo**. Geralmente, é apresentado sem ponto final.

4. Sobre a linha fina de uma notícia, responda às questões.

A. Releia a notícia e sublinhe a linha fina. Qual é sua função na notícia?

_____
_____
_____

B. Como a linha fina contribui para que o leitor leia ou não a notícia?

_____
_____
_____

5. Reúna-se com um colega e escolham uma das manchetes a seguir. Com base nela, crie uma linha fina, de modo a introduzir uma notícia.

A

Cão interrompe telejornal ao vivo na Rússia

Disponível em: <http://g1.globo.com>. Acesso em: 23 maio 2017.

B

Polícia captura cobra que estava ao lado de 'gato destemido' no Texas

Disponível em: <http://g1.globo.com>. Acesso em: 23 maio 2017.

_____
_____
_____
_____

> O desenvolvimento da notícia é composto de duas partes: **lide** e **corpo da notícia**. A palavra lide tem origem na língua inglesa (*lead*) e significa guiar, conduzir.

6. O lide costuma ser o primeiro parágrafo da notícia e consiste em apresentar um resumo do assunto em poucas linhas. Nele, podem aparecer as respostas a estas importantes questões:

O QUE ACONTECEU? **POR QUÊ?** **COMO?** **ONDE?** **QUANDO?** **QUEM?**

- Identifique, no primeiro parágrafo da página 137, quais dessas perguntas são respondidas e o que é informado sobre cada uma.

7. O que é possível concluir sobre a função do lide em uma notícia?

8. Após o lide, há o **corpo da notícia**. Nele, são acrescentadas novas informações ao texto.

   A. Que parágrafos da notícia da página 137 constituem o corpo?

   B. Explique a função do corpo da notícia, relacionando-a ao lide.

9. Junto à notícia, podem aparecer fotografias, ilustrações, esquemas, gráficos, entre outros recursos visuais.

   A. Na notícia da página 137 foi apresentada uma fotografia. Explique o que ela mostra.

   B. Com que função essa fotografia foi apresentada na notícia?

10. Logo abaixo da fotografia há uma **legenda**. Normalmente, em textos jornalísticos, as legendas descrevem o que está sendo retratado nas fotografias e, ao mesmo tempo, dão apoio às notícias. Releia a legenda presente na notícia da página **137**.

Jax e Reddy sorriem após corte de cabelo: amigo branco pediu corte raspado, pois assim acreditava que professora não seria capaz de distingui-los.

A. Qual é a relação entre a fotografia e essa legenda? Explique.

_____
_____
_____

B. Que outra legenda você criaria para essa fotografia?

_____
_____

11. Observe as fotografias a seguir. Que legendas você criaria para cada uma das imagens?

A

B

12. Leia a seguir outra notícia.

Após abaixo-assinado, quadrinhos viram categoria no prêmio Jabuti

DE SÃO PAULO • O Jabuti, mais tradicional prêmio de literatura do país, passará a contar com duas novas categorias na edição deste ano: história em quadrinhos e livro brasileiro publicado no exterior.

Antes contemplada dentro da categoria adaptação, as HQs passam a ter a própria classe após mobilização de um abaixo-assinado que envolveu profissionais como Laerte, Rafael Coutinho, Eloar Guazzelli e os irmãos Fábio Moon e Gabriel Bá, no início do ano. Agora, poderão ser premiados livros compostos por histórias originais ou adaptadas.

Já a outra nova categoria prevê a inclusão de autores brasileiros – natos ou naturalizados – publicados no exterior em primeira edição no ano 2016, em qualquer gênero.

As inscrições para o 59º Jabuti, em suas 29 categorias, começam em 18 de maio, e poderão ser realizadas diretamente pelo *site* premiojabuti.com.br.

O **Prêmio Jabuti** é o prêmio literário mais importante do Brasil. Foi criado em 1959, por Edgard Cavalheiro, quando era presidente da Câmara Brasileira do Livro.

O escritor que mais ganhou o prêmio é Dalton Trevisan, em quatro oportunidades na categoria Conto.

Após abaixo-assinado, quadrinhos viram categoria no prêmio Jabuti.
Folha de S.Paulo, São Paulo, 4 maio 2017. Folhapress.

Estatuetas do prêmio Jabuti de 2014.

A. Explique de que forma a disposição do texto dessa notícia difere da apresentada na página **137**.

_____
_____
_____

B. De que forma essa distribuição está relacionada ao veículo onde foram publicadas?

_____
_____

C. Qual das notícias chega de forma mais rápida ao leitor: a digital ou a impressa? Por quê?

_____
_____

D. Outro recurso que diferencia os textos publicados em veículos digitais e impressos é a interação com o leitor. De que forma essa interação pode ocorrer em cada um dos veículos?

___

ESQUEMATIZANDO

A **notícia** é um gênero que tem como objetivo veicular informações recentes sobre fatos nacionais ou internacionais, atualizando os leitores sobre diversos acontecimentos. Ela pode ser veiculada em jornais, revistas e *sites*. Além disso, podem ser apresentadas oralmente em telejornais, programas de rádios ou por *podcasts*. As notícias apresentam: manchete ou título, linha fina ou subtítulo, lide (que traz informações como: O quê?; Onde?; Quando?; Por quê?; Como?; Quem?) e o corpo da notícia (que complementa as informações do lide).

NOTÍCIA

OBJETIVO
Informar o leitor sobre acontecimentos atuais.

PÚBLICO-ALVO
Público em geral.

CARACTERÍSTICAS
- Manchete.
- Linha fina.
- Lide.
- Corpo da notícia.

SUGESTÃO DE FILME

O filme **Bem-vindo a Marly-Gomont** se passa em 1975 e conta a história do médico Seyolo Zantoko, que se muda de seu país, o Congo, para trabalhar em um vilarejo na França. Para a desilusão de Seyolo e sua família, eles precisam lidar com o preconceito das pessoas do vilarejo. A família, no entanto, é persistente na conquista pelo respeito e pela confiança da população local.

Fotograma do filme **Bem-vindo a Marly-Gomont**, dirigido por Julien Rambaldi, lançado em 2016.

AMPLIANDO A LINGUAGEM

PONTUAÇÃO

Na língua falada, usamos recursos como gestos, sons e expressões corporais para indicar expressividade. Na escrita, utilizamos sinais de pontuação para representar a entonação, isto é, o tom de voz empregado em determinada situação e, também, para fazer ligações entre palavras e partes do texto, conferindo-lhes sentido.

1. Leia trechos da notícia da página 137 e veja a pontuação destacada.

A Jax**,** de 5 anos**,** sugeriu que corte de cabelo fosse igual ao de amigo negro.

B **"**Se isso não é uma prova de que o ódio e o preconceito é algo que é ensinado, eu não sei o que é**"**, escreveu Lydia. **"**A única diferença que Jax vê entre eles dois é o cabelo**"**, afirmou.

C Depois da repercussão da publicação, feita no domingo **(24)**, a família decidiu que nesta terça-feira ele poderia ir ao cabeleireiro acompanhado do amigo para, enfim, raspar o cabelo.

> Os **sinais de pontuação** servem para estruturar as frases e dar clareza e sentido ao texto.

A. No trecho **A**, com que função as vírgulas foram empregadas?

_____

B. Identifique a função das aspas no trecho **B**.

_____

C. Para que servem os parênteses empregados no trecho **C**? Que outra pontuação poderia ser usada sem alterar o sentido da frase?

_____

_____

Veja a seguir as pontuações que podemos empregar em um texto.

- Ponto de interrogação **?**
- Ponto de exclamação **!**
- Ponto e vírgula **;**
- Aspas **" "**
- Parênteses **( )**
- Travessão **—**
- Reticências **...**
- Vírgula **,**
- Dois-pontos **:**
- Ponto final **.**

145

2. Leia o trecho de um romance do escritor José de Alencar (1829-1877).

[...]
Depois de alguns momentos de espera, sobressaltou-se o roupão cinzento, e conchegando-se mais as almofadas, como para ocultar-se no fundo da carruagem, murmurou:

— Laura!... Laura!...

E como sua amiga não a ouvisse, puxou-lhe pela manga.

[...]

ALENCAR, José de. **A pata da gazela**. 2. ed. São Paulo: FTD, 1997. p. 11. (Grandes leituras).

A. Assinale a afirmativa que indica a função dos dois-pontos no trecho.

◯ Introduzir uma explicação.

◯ Introduzir a fala de um personagem.

B. Com que função o travessão foi empregado nesse trecho?

_____

3. Leia o trecho de uma crônica do escritor Moacyr Scliar (1937-2011).

[...] Fazia calor, havia muita gente ali — senhores lendo jornal, mães com os filhos — e nós comemos olhando para as belas construções daquele recanto histórico da capital francesa. [...]

SCLIAR, Moacyr. **Dicionário do viajante insólito**. Porto Alegre: L&PM, 2003. p. 18.

Nesse trecho, o travessão foi empregado com a mesma função com que foi utilizado no trecho do romance de José de Alencar? Comente.

_____
_____
_____
_____

> A forma como a pontuação está empregada em um texto pode estar relacionada ao sentido que se pretende expressar.

4. Um mesmo texto pode apresentar sentidos diferentes, dependendo de como está pontuado. Veja.

A Meu pai chegou? Não vou esperá-lo!

B Meu pai chegou? Não? Vou esperá-lo.

A. Qual alternativa indica que a pessoa vai esperar o pai?

_____

B. Qual alternativa indica que a pessoa não quer esperar pelo pai?

_____

5. Reúna-se com um colega, leiam o trecho a seguir e observem os sinais de pontuação em destaque.

BLOG ❗ Um *blog* antenado

TERÇA-FEIRA, 6 DE NOVEMBRO DE 2001

Galera**,** dessa vez dancei feio**...** Acho que vou sumir por uns tempos, sei lá. Minha mãe descobriu sobre as minhas notas, e o pior é que tentei evitar, mas não consegui. Pior ainda é que a situação tá muito ruim mesmo, e a cara dela promete! Estou ilhada no meu quarto, ela saiu e não sei aonde foi. Quando voltar é que vou saber, mas já estou esperando pelo pior**!** 8-0 8-0 8-0

[...]

Torçam por mim, OK**?** E se eu sumir por uns tempos, o motivo é esse. Tenho certeza de que ela vai me proibir de acessar a net, já estou vendo, já estou pressentindo isso**.** Mas eu amo vcs, e assim que der, posto novamente, contando o que aconteceu. Prometo! :'-(

Beijos, já com saudades.
Marina
[...]

BRAZ, Júlio Emílio; VIEIRA, Janaína. *O **blog** da Marina*. São Paulo: Saraiva, 2003. p. 48-49.

- Com que função os sinais de pontuação em destaque foram empregados no texto?

___

___

___

___

6. Em alguns casos, o sentido só pode ser compreendido pela análise do contexto e pela pontuação. Com um colega, elabore pequenos diálogos para cada uma destas frases, de modo a estabelecer sentido.

A Uma estrela cadente?   **B** Uma estrela cadente!   **C** Uma estrela cadente.

___

___

___

___

7. Leia o anúncio de propaganda e observe o emprego da pontuação.

> Esse. Anúncio. É. Assim. Mesmo. Com. Uma. Série. De. Pontos. Um. Atrás. Do. Outro. Porque. É. Para. Lembrar. A. Você. Que. Hoje. É. Dia. De. Homenagear. O. Motorista. De. Ônibus.
>
> 25 de julho. Dia do Motorista.
> SETPS

Anúncio publicitário do Integra (Associação das Empresas de Transporte de Passageiros de Salvador) em homenagem ao Dia do Motorista.

A. Que pontuação foi empregada de forma expressiva nesse anúncio?

_____

B. Que efeito o emprego dessa pontuação causou ao texto?

_____

C. O anúncio foi produzido para o Dia do Motorista de ônibus. Qual é a relação entre essa comemoração e a pontuação empregada?

_____
_____
_____
_____
_____

D. O uso constante da pontuação no anúncio dificultou a compreensão do texto? Comente.

_____
_____
_____

SUBJETIVIDADE E OBJETIVIDADE

1. Leia as manchetes a seguir.

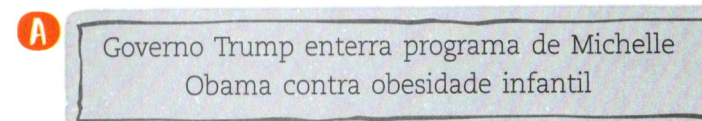

A Governo Trump enterra programa de Michelle Obama contra obesidade infantil

Disponível em: <http://br.rfi.fr>. Acesso em: 18 maio 2017.

B Governo Trump flexibiliza algumas regras da era Obama sobre merenda escolar

Disponível em: <http://g1.globo.com>. Acesso em: 18 maio 2017.

Donald Trump (1946-) é um empresário e político estadunidense. Tornou-se o 45º presidente dos Estados Unidos da América em 2017.

A. Que formas verbais são utilizadas em cada manchete para descrever a ação noticiada?

_____
_____

> Em uma notícia, a **escolha das palavras** é uma das formas de percebermos a postura do jornalista diante do que está sendo tratado no texto.

B. O que essa escolha de palavras permite concluir sobre o que foi noticiado em cada uma das manchetes?

_____
_____
_____
_____
_____
_____

C. Qual das formas verbais utilizadas sugere uma postura mais crítica em relação à atitude do governo Trump? Por quê?

_____
_____
_____
_____
_____

> Como o propósito de uma notícia é relatar um fato cotidiano, ela deveria ser **neutra** e **objetiva**, relatando os fatos de modo imparcial. Entretanto, na prática, algumas escolhas do jornalista ao produzi-la podem revelar seu posicionamento em relação ao que está sendo noticiado. Quando isso ocorre, dizemos que há traços de **subjetividade** na informação.
>
> A **escolha das palavras** caracteriza subjetividade, pois denominar uma aglomeração de pessoas de "bando", por exemplo, é diferente de se referir a ela como "grupo". A **ordem** e a **hierarquização** dos fatos também revelam subjetividade, pois o autor relata primeiro aquilo que considera mais importante.
>
> Além disso, o próprio fato de **escolher quais elementos** serão ou não transmitidos na notícia revela um posicionamento. A supressão ou inserção de alguma informação no texto geralmente depende de quais fatos o autor considera mais conveniente e qual imagem da situação ele quer transmitir ao leitor.

2. Veja a seguir como dois veículos distintos noticiam um mesmo fato, a morte de Fidel Castro.

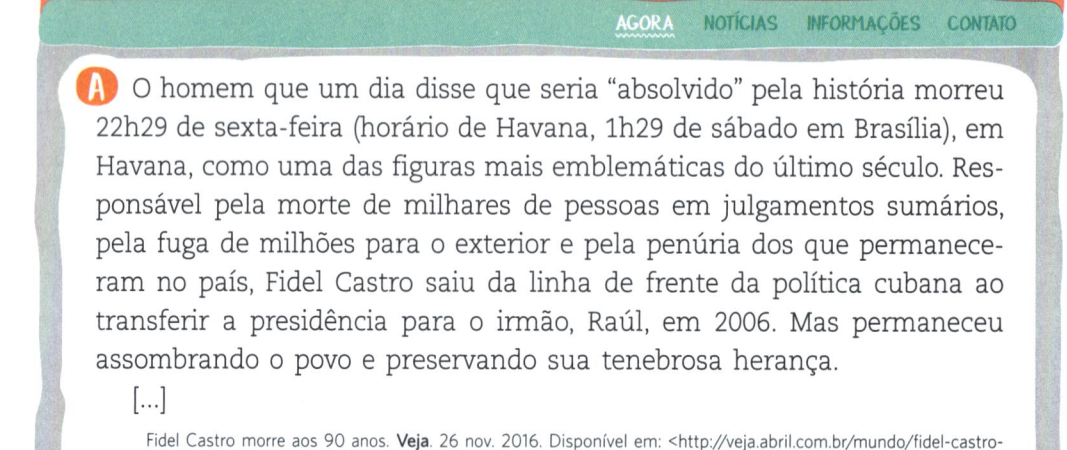

A O homem que um dia disse que seria "absolvido" pela história morreu 22h29 de sexta-feira (horário de Havana, 1h29 de sábado em Brasília), em Havana, como uma das figuras mais emblemáticas do último século. Responsável pela morte de milhares de pessoas em julgamentos sumários, pela fuga de milhões para o exterior e pela penúria dos que permaneceram no país, Fidel Castro saiu da linha de frente da política cubana ao transferir a presidência para o irmão, Raúl, em 2006. Mas permaneceu assombrando o povo e preservando sua tenebrosa herança.

[...]

Fidel Castro morre aos 90 anos. **Veja**. 26 nov. 2016. Disponível em: <http://veja.abril.com.br/mundo/fidel-castro-ditador-cubano-morre-aos-90-anos/>. Acesso em: 19 maio 2017.

Fidel Castro (1926-2016) foi um político e revolucionário cubano. Governou o país por quase cinco décadas e afastou-se da liderança em 2006 por problemas de saúde.

B O ex-presidente e líder da revolução cubana, Fidel Castro, morreu aos 90 anos de idade, confirmou na madrugada de hoje (26) seu irmão e sucessor, Raúl Castro. [...]

Fidel Castro foi o herói histórico da esquerda moderna, o homem que mais desafiou os Estados Unidos. Mas, na opinião de líderes de centro-direita, Fidel era um ditador sanguinário e o culpado por isolar a ilha de Cuba por quase 60 anos de todo o mundo.

[...]

Fidel Castro morre em Cuba aos 90 anos de idade. **Agência Brasil**. 26 nov. 2016. Disponível em: <http://agenciabrasil.ebc.com.br/internacional/noticia/2016-11/fidel-castro-morre-em-cuba-aos-90-anos-de-idade>. Acesso em: 19 maio 2017.

A. As duas notícias informam a morte de Fidel Castro, entretanto, cada texto descreve o fato de forma distinta. Como cada notícia se refere a ele?

_____
_____
_____
_____

B. Em sua opinião, qual das duas notícias informa o fato de maneira mais objetiva? Justifique sua resposta.

_____
_____
_____

3. Leia com atenção as notícias abaixo. Que título você daria para cada uma delas?

Celina Turchi é médica e cientista especialista em epidemiologia das doenças infecciosas. Em 2016, foi incluída na lista dos 10 cientistas mais importantes do ano da revista **Nature**.

_____
_____
_____

A A pesquisadora Celina Turchi, líder de pesquisas que comprovaram a relação entre o vírus zika e a microcefalia, foi escolhida como uma das 100 pessoas mais influentes do mundo pela revista americana "Time". A seleção foi divulgada nesta quinta-feira e traz personalidades como o presidente americano, Donald Trump, e o Papa Francisco. Além de Celina, outro brasileiro que aparece na lista é Neymar.

Extra. 20 abr. 2017. Disponível em: <https://extra.globo.com/noticias/saude-e-ciencia/mosquito/brasileira-que-provou-relacao-entre-zika-microcefalia-esta-entre-as-100-pessoas-mais-influentes-do-mundo-21234572.html>. Acesso em: 19 maio 2017.

_____
_____

B Neymar não está sozinho na lista da revista americana "Time" com as 100 pessoas mais influentes do mundo. Além do craque do Barcelona, a lista conta com outra brasileira citada na edição de 2017: a cientista Celina Turchi.

IBahia. 21 abr. 2017. Disponível em: <www.ibahia.com/detalhe/noticia/alem-de-neymar-lista-dos-mais-influentes-do-mundo-tem-brasileira-conheca/>. Acesso em: 19 maio 2017.

- Quem é o elemento de destaque em cada notícia? Explique.

_____
_____

PRODUÇÃO ESCRITA E ORAL

ROTEIRO E APRESENTAÇÃO DE TELEJORNAL

Além de serem veiculadas em meios impressos, como jornais e revistas, ou digitais, como na internet, as notícias podem ser apresentadas em jornais televisivos. As notícias de um telejornal são primeiro organizadas em um roteiro, antes de sua apresentação ao público. O roteiro serve para orientar como as informações serão divulgadas. Leia a notícia a seguir e veja como um roteiro é produzido.

Justiça manda dona de 26 animais ficar só com 4

Decisão foi dada após ação movida por ex-vizinha

O TJ (Tribunal de Justiça) de São Paulo determinou que a professora universitária Wendy Ann Carwell se desfizesse da maioria dos seus 26 animais, entre cães e gatos.

De acordo com a decisão, de 30 de março e publicada na terça-feira, a professora mantinha oito cachorros e 18 gatos na casa onde mora no bairro Parque das Andorinhas, em Ribeirão Preto (313 km de São Paulo).

Ela poderá ter só dois gatos e dois cachorros sob pena de pagar multa diária de R$ 100. Wendy foi processada pela ex-vizinha Carmen Balbino Bernardino, com quem a **Folha** não conseguiu contato ontem.

Carmen alegou que os animais eram barulhentos e que o local exalava mau cheiro.

Cinco vizinhos ouvidos pela reportagem ontem disseram que os animais são bem tratados e que nunca incomodaram.

"Se fizessem comigo, não sei o que eu faria, porque eu não vivo sem eles [seus três cachorros]", disse a estudante Fabrícia Maria de Paula, 25, vizinha de Wendy.

À Justiça, a professora alegou que fez melhoramentos em sua casa para reduzir odor e barulho provocados pelos animais e os castrou para evitar a reprodução, além de ter construído um gatil e manter o local dos bichos limpo.

O TJ entendeu que ela faz uso anormal de sua propriedade e interfere na vida alheia.

"Não há como negar que, em regra, um animal doméstico contribui decisivamente para a felicidade do ser humano. Há, porém, quem assim não entenda e que deve e precisa ter sua posição respeitada", diz um dos trechos da decisão, do relator Sá Duarte.

Segundo Vânia Cantarella, chefe da divisão de Vigilância Sanitária da Secretaria da Saúde de Ribeirão Preto, reclamações de moradores sobre animais de estimação de vizinhos são comuns. No ano passado, foram 185 registros.

A **Folha** tentou contato com a professora em sua casa e no local de trabalho, sem sucesso.

[...]

Justiça manda dona de 26 animais ficar só com 4. **Folha de S.Paulo**, São Paulo, 8 maio 2009. Cotidiano 2, p. 7. Folhapress.

Agora, leia como ficaria a adequação dessa notícia em um modelo de roteiro de telejornal.

ROTEIRO

Data: 08/05/2009
Nome do editor (redator ou repórter): reportagem local
Nome do programa: Jornal Cotidiano
Retranca ou assunto: animal de estimação e processo jurídico
Tempo: 30 segundos

IMAGEM	SOM
• Apresentação da vinheta do telejornal.	• Música de abertura do telejornal. • Apresentação dos jornalistas e das notícias que serão exibidas no telejornal. • Primeira notícia:
• Exibir imagem de animais de estimação (cães e gatos). • Exibir imagem da residência da professora universitária.	Na cidade de Ribeirão Preto-SP, a 313 km da capital, a professora universitária Wendy Ann Carwell foi processada por sua ex-vizinha, Carmen Balbino Bernardino, por criar em sua casa 26 animais (18 gatos e 8 cachorros). Segundo Carmen, os animais eram muito barulhentos e exalavam mau cheiro. No dia 30 de março, o Tribunal de Justiça de São Paulo determinou que a professora só poderá ter dois gatos e dois cachorros sob pena de pagar multa diária de R$ 100,00. A professora universitária alegou à justiça ter feito melhorias para reduzir o odor e o barulho. Ela foi procurada pela redação do jornal, para prestar esclarecimentos, mas não foi encontrada.

> No **roteiro de telejornal** apresentado, há duas colunas: esquerda (que contém as descrições das imagens) e direita (que contém tudo o que for relacionado ao som, incluindo as falas, que são descritas nessa parte). Além disso, apresenta cabeçalho indicando data, nome do editor, nome do programa, retranca ou assunto e tempo.

José Vítor E. C.

1. Compare a notícia com o roteiro de telejornal. Qual é a diferença entre os textos quanto à apresentação dos fatos?

2. Ao sofrer adaptações para o roteiro, foram eliminadas as informações secundárias da notícia impressa. Além disso, quais outras partes da notícia foram suprimidas?

Você e seus colegas produzirão um roteiro de telejornal. Veja o contexto de produção a seguir, para que o objetivo desta atividade seja alcançado.

O que vou produzir?
⬇
Roteiro de telejornal.

Para quem?
⬇
Alunos da escola, familiares, amigos, entre outros convidados.

Onde será publicado?
⬇
Apresentação de telejornal (simulado).

PLANEJANDO O ROTEIRO DE TELEJORNAL

Siga as orientações para a produção do seu roteiro de telejornal.

A. Forme um grupo com três integrantes e selecionem três notícias a serem adaptadas para um roteiro de telejornal.

B. Cada integrante deverá escolher uma pequena notícia do assunto que preferir (cultura, esporte, saúde, educação, ciência, turismo).

C. Lembrem-se de que, apesar de ser inicialmente escrito, é preciso levar em conta a finalidade desse gênero, cuja transmissão é oral. Por isso, quando forem adequar as notícias selecionadas, pensem nas pessoas que vão escutá-las e observem se o texto está claro.

PRODUZINDO O ROTEIRO DE TELEJORNAL

> O campo **tempo**, no cabeçalho, deve ser preenchido apenas após o ensaio da apresentação.

A. Separem uma folha em branco, deixem espaço para o cabeçalho e dividam-na em duas partes, como o modelo da página 153.

B. Preencham o cabeçalho, colocando a data, o nome dos editores (os membros do grupo), o nome do telejornal.

C. A retranca é o assunto a ser abordado na notícia. Nesse campo, escrevam em poucas palavras quais assuntos serão expostos no noticiário.

D. Definam qual é a melhor ordem para as notícias escolhidas e registrem apenas os dados essenciais de cada uma.

E. Selecionem imagens para usar. Descrevam-nas no lado esquerdo do roteiro, ao lado do texto em que a imagem deverá ser exibida.

F. No lado direito, deixem espaço para a descrição sonora.

G. Empreguem uma linguagem mais objetiva, pois o roteiro é mais sucinto que a notícia.

H. Pensem em um nome para o telejornal do grupo e façam um rascunho do roteiro.

AVALIANDO O ROTEIRO DE TELEJORNAL

Após terminarem a produção do roteiro de telejornal, avaliem-no com base nas questões a seguir.

	👍	👎
Foram apresentadas todas as informações do cabeçalho: a data, o nome dos editores (os membros do grupo), o nome do telejornal?		
Na retranca, foram apresentados os assuntos a serem expostos no noticiário?		
As notícias foram escritas no lado direito do roteiro?		
As imagens foram escolhidas de acordo com as notícias e foram descritas no lado esquerdo do roteiro?		
Foi apresentada uma descrição das músicas e dos sons que acompanharão as notícias?		

Anote a seguir os itens que você precisa melhorar no seu texto.

LISTA DE ADEQUAÇÕES

1. _____
_____

2. _____
_____

3. _____
_____

4. _____
_____

Agora, levando em consideração os aspectos elencados acima, escrevam a versão definitiva do roteiro de telejornal e preparem-se para apresentá-lo aos colegas.

TELEJORNAL

Apesar de o telejornal ser transmitido oralmente, ele deve ser escrito no formato de um roteiro que norteará sua organização, a fim de que os apresentadores não fiquem confusos durante a exibição.

Agora, você e os colegas de grupo vão fazer o papel de apresentadores de um telejornal. Combinem com o professor quando essa atividade será realizada. Vejam as orientações a seguir.

A. Primeiro, é interessante que os integrantes do grupo assistam a alguns telejornais para observar como eles são apresentados e anotem as características que considerarem importantes.

B. Dividam as tarefas entre os membros do grupo para que ninguém fique sobrecarregado e a apresentação seja bem-sucedida.

C. O texto a ser divulgado deverá ser lido e estudado diversas vezes, para que vocês se familiarizem com a notícia.

D. Procurem cronometrar o tempo de fala de cada um e acrescentem essa informação ao roteiro.

E. Para auxiliar na apresentação, vocês podem usar cartazes com as notícias a serem divulgadas, imitando um *prompter*. Enquanto um colega apresenta, outro poderá ficar encarregado de mostrar os cartazes.

F. Assim como ocorre nos telejornais, o apresentador poderá ficar com uma cópia do roteiro para, se necessário, relembrar algo que possa ser esquecido.

G. Pesquisem e decidam qual será a música de abertura do telejornal. Acrescentem depois essa informação ao roteiro.

H. As imagens que vocês escolheram também poderão ser mostradas em um cartaz, durante o tempo de apresentação da notícia a que ela se refere.

I. Lembrem-se de que as imagens devem ser grandes e claras, para que possam ser vistas por todos os que estiverem vendo a apresentação.

J. Antes da apresentação, vocês deverão fazer ensaios para que ela seja eficiente. Com base nisso, definam o tempo total da apresentação e anotem essa informação no roteiro.

K. Utilizem recursos para a encenação, como figurinos e objetos para compor o cenário.

L. Os jornalistas costumam se apresentar sentados em uma bancada. Por isso, providenciem mesa e cadeira para simular essa situação.

> O *prompter* é um aparelho que roda o vídeo com as notícias tal como estão escritas no roteiro, para que o jornalista possa ler sem o telespectador perceber.

CAPÍTULO 8
TEXTO DE OPINIÃO

CONTEXTUALIZANDO

Neste capítulo, antes de ler um texto de opinião, conheça um pouco mais sobre a importância de compartilhar nossa opinião sobre assuntos socialmente relevantes.

LIBERDADE DE EXPRESSÃO

Todos os cidadãos têm o direito de expressar livremente suas opiniões sem medo de sofrer represálias ou censuras. Esse é um direito garantido pela **Declaração Universal dos Direitos Humanos**, adotado pela ONU em 1948. A liberdade de expressão, apesar de ser um direito de todo cidadão, deve ser utilizada com sabedoria e responsabilidade, pois a nossa liberdade não deve interferir no direito das outras pessoas nem ameaçar a garantia de integridade física ou moral delas.

É importante destacar que as mídias digitais favoreceram a troca de opiniões entre as pessoas, de modo a compartilhar ideias, por exemplo, nas redes sociais, tornando-as públicas.

No entanto, o advento dessas novas ferramentas digitais também contribuiu para a disseminação de conflitos decorrentes de pontos de vista diferentes. Em casos mais extremos, o discurso de ódio (aos nordestinos, aos afrodescendentes, aos homossexuais, às mulheres, entre outros) também costuma ser visto nas redes sociais.

Por isso, é importante exercer a liberdade de expressão sem ferir os Direitos Humanos. Para isso, é válido saber distinguir os limites entre expressar-se e ser intolerante com o próximo.

Capa do livro **Declaração Universal dos Direitos Humanos**, com adaptação de Ruth Rocha e Otavio Roth.

CHECAR INFORMAÇÕES

Para emitirmos nossa opinião, é importante estarmos embasados e pesquisar informações em fontes confiáveis, como livros e outros materiais que passam por um processo rigoroso de edição. Quanto às informações veiculadas na internet, é importante sempre confrontá-las com outras fontes e verificar a veracidade dos dados.

CONVERSANDO

- Dar a opinião é algo bastante corriqueiro em nosso dia a dia. Para você, por que é importante nos posicionarmos sobre diversos assuntos? Discuta com os seus colegas.
- Cada um de nós tem um modo particular de interpretar determinado assunto e de emitir uma opinião ou um ponto de vista. Em sua opinião, como devemos nos relacionar com quem pensa diferente de nós?
- Com base no título do texto de opinião abaixo, você imagina qual será a postura do autor sobre o assunto? Justifique sua resposta.

LENDO

Leia o texto a seguir e veja sobre o que ele trata.

Bicicleta: uma alternativa de transporte viável nas cidades

Por muito tempo, andar de bicicleta foi considerado uma boa opção de lazer para passeios em parques e bosques nos finais de semana, ou para se fazer trilhas através das estradas acidentadas longe das cidades. Já andar de bicicleta para ir ao trabalho ou à escola era algo característico principalmente das cidades pequenas, onde se acreditava que o trânsito era mais calmo e as distâncias podiam ser vencidas com maior facilidade. Atualmente, porém, as bicicletas têm sido utilizadas também nos grandes centros urbanos.

Em meio aos congestionamentos, à poluição e outros problemas decorrentes do crescimento desordenado das cidades, andar de bicicleta aparece cada vez mais como uma alternativa viável de transporte. Nas cidades, a bicicleta é geralmente utilizada para percorrer curtas e médias distâncias, em trajetos como ir e voltar do trabalho, visitar amigos ou fazer compras.

Segundo alguns estudos realizados na Grande São Paulo no ano de 2006, quando o fluxo de carros aumenta nas ruas, nos famosos horários de *rush*, as bicicletas podem ser até 56% mais rápidas que os carros. Embora a infraestrutura para o trânsito de bicicletas na cidade ainda seja deficiente, a utilização das ciclovias, dos acostamentos e dos caminhos alternativos, fora das grandes avenidas, poupa muito o tempo dos ciclistas.

Além da grande agilidade e mobilidade, andar de bicicleta é econômico. Em termos de custo e manutenção, a bicicleta é bem mais barata do que o carro. Para quem não pode comprar um veículo motorizado ou mesmo pagar a tarifa do transporte coletivo todos os dias, existem bicicletas de vários tipos e preços, assim, pode-se considerar a bicicleta como um dos meios de transporte mais democráticos que existem.

No entanto, acredito que um dos maiores benefícios que a utilização da bicicleta traz diz respeito à saúde, tanto do próprio usuário como dos outros habitantes dos centros urbanos. Ao se locomover de bicicleta diariamente, melhora-se o condicionamento físico, fato que interfere positivamente na disposição e autoestima do ciclista. Além disso, as bicicletas são um meio de locomoção ecológico, pois não emitem poluentes e contribuem para melhorar as condições de vida de todos.

Muitos países europeus, como França, Inglaterra e Alemanha, por exemplo, possuem programas políticos de incentivo ao uso da bicicleta como meio de controlar as taxas de emissão de CO_2 e aumentar a qualidade de vida de seus habitantes. No Brasil, em algumas cidades como Rio de Janeiro, há serviços públicos que permitem à população alugar as bicicletas, pagando taxas diárias ou mensais pelo serviço.

Cotidianamente, muitas pessoas utilizam o carro de forma acomodada, percorrendo distâncias às vezes tão curtas que um pedestre pode chegar ao destino com maior rapidez. Substituir o carro pela bicicleta para percursos como esse é de grande valia. Os benefícios são diversos e os resultados vêm, como visto, tanto a curto como a longo prazo.

CHIBA, Charles H. F. **Bicicleta: uma alternativa de transporte viável nas cidades**. Disponível em: <http://scribasdahistoria.blogspot.com.br/2010/09/bicicleta-uma-alternativa-de-transporte.html>. Acesso em: 17 abr. 2017.

COMPREENDENDO

1. Sobre qual assunto o texto trata?

2. Você conhece alguém que utiliza a bicicleta como meio de transporte? Comente com seus colegas os aspectos positivos e os negativos.

3. Veja a imagem ao lado e leia atentamente os textos.

Capacete com proteção de nuca, de preferência acolchoado, com isopor e espuma. A parte externa é feita de material rígido.

Óculos de boa qualidade que protegem contra impactos, respingos, luminosidade intensa e raios ultravioleta.

Luvas almofadadas de couro.

Calçados de sola que não escorregue.

Bruno Sampaio

- Reúna-se com um colega e expliquem a importância desses equipamentos ao trafegar em via pública.

EXPLORANDO O TEXTO DE OPINIÃO

1. Onde o texto de opinião lido foi veiculado? Cite outros lugares em que esses tipos de textos podem ser veiculados.

_____

2. Com base no texto lido, assinale a função de um texto de opinião.

◯ Informar sobre um assunto atual.

◯ Expor informações relevantes sobre um determinado assunto.

◯ Opinar sobre um assunto socialmente relevante, de modo a convencer os leitores de um ponto de vista.

3. Em textos de opinião, geralmente na **introdução**, é apresentado um **ponto de vista** do autor sobre o assunto que será tratado e, com base nisso, o texto é desenvolvido.

A. Qual é o ponto de vista do autor sobre o uso de bicicletas?

_____

_____

B. Para defender um ponto de vista, o autor emprega um importante recurso chamado **argumento**. Relacione os parágrafos a seguir aos argumentos apresentados no texto de opinião.

> **Argumentos** são um conjunto de ideias que empregamos para comprovar algo e, consequentemente, defender nosso ponto de vista e convencer o outro.

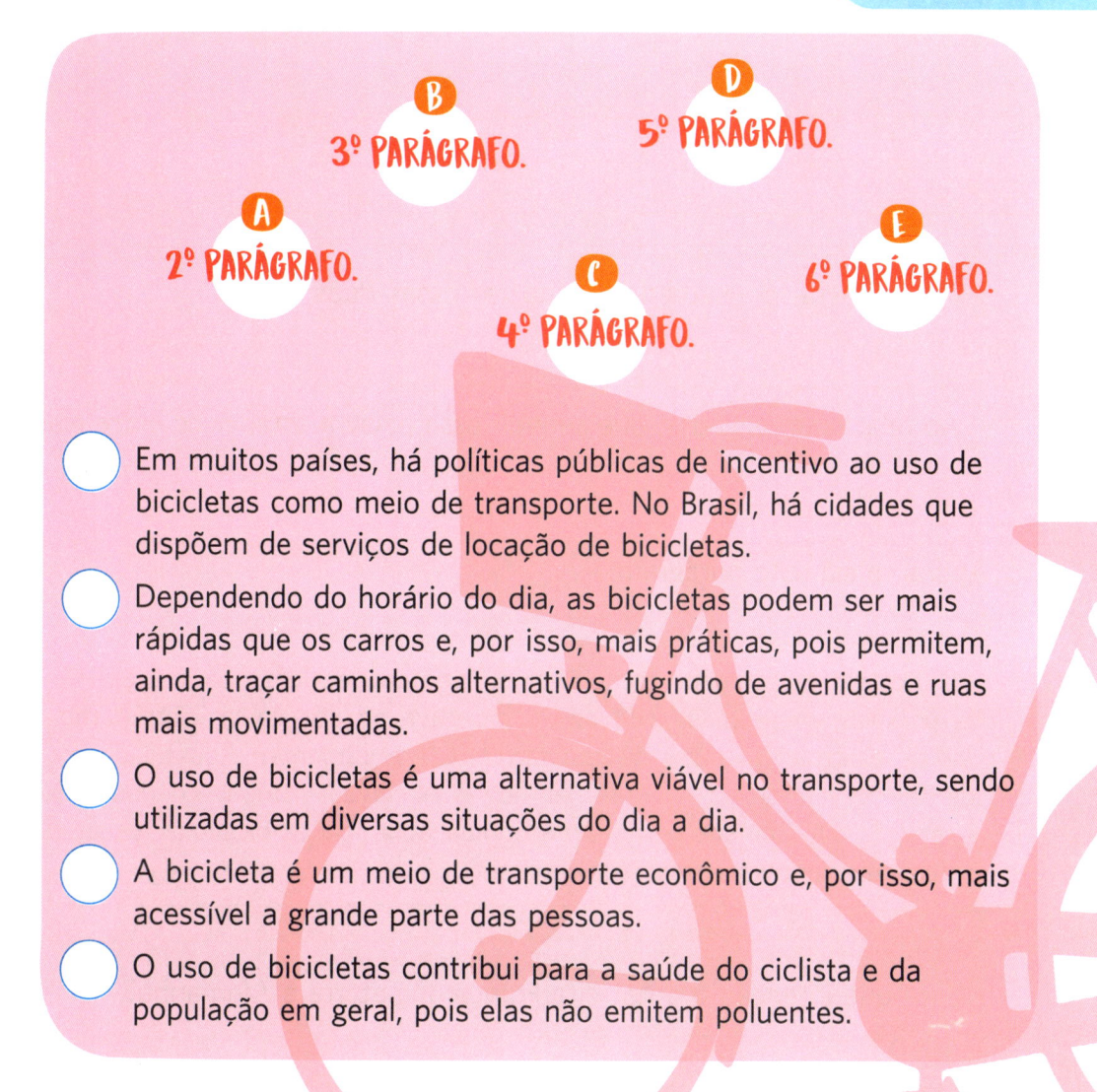

A 2º PARÁGRAFO.
B 3º PARÁGRAFO.
C 4º PARÁGRAFO.
D 5º PARÁGRAFO.
E 6º PARÁGRAFO.

- ( ) Em muitos países, há políticas públicas de incentivo ao uso de bicicletas como meio de transporte. No Brasil, há cidades que dispõem de serviços de locação de bicicletas.

- ( ) Dependendo do horário do dia, as bicicletas podem ser mais rápidas que os carros e, por isso, mais práticas, pois permitem, ainda, traçar caminhos alternativos, fugindo de avenidas e ruas mais movimentadas.

- ( ) O uso de bicicletas é uma alternativa viável no transporte, sendo utilizadas em diversas situações do dia a dia.

- ( ) A bicicleta é um meio de transporte econômico e, por isso, mais acessível a grande parte das pessoas.

- ( ) O uso de bicicletas contribui para a saúde do ciclista e da população em geral, pois elas não emitem poluentes.

4. Releia este trecho do texto de opinião.

> Embora a infraestrutura para o trânsito de bicicletas na cidade ainda seja deficiente, a utilização das ciclovias, dos acostamentos e dos caminhos alternativos, fora das grandes avenidas, poupa muito o tempo dos ciclistas.

A. São apresentados aspectos negativos e positivos em relação ao uso de bicicletas em São Paulo. Complete o quadro especificando cada um deles.

ASPECTO NEGATIVO	ASPECTO POSITIVO

B. Que palavra foi usada para conectar essas duas ideias?

___

C. Ao relacionar as ideias, que sentido essa palavra estabelece entre elas?

___

5. Agora, releia este parágrafo.

> Muitos países europeus, como França, Inglaterra e Alemanha, por exemplo, possuem programas políticos de incentivo ao uso da bicicleta como meio de controlar as taxas de emissão de CO_2 e aumentar a qualidade de vida de seus habitantes. No Brasil, em algumas cidades como Rio de Janeiro, há serviços públicos que permitem à população alugar as bicicletas, pagando taxas diárias ou mensais pelo serviço.

- Com que intenção o autor cita França, Inglaterra e Alemanha?

___

___

___

6. A **conclusão** de um artigo de opinião é apresentada ao final e deve ser objetiva, sucinta e coerente com as ideias já apresentadas. Assim, há várias estratégias para a elaboração da conclusão. Veja algumas.

   A. Apresentar uma síntese das ideias expressas anteriormente.

   B. Explicitar um posicionamento.

   C. Deixar um posicionamento implícito.

   D. Apresentar as consequências lógicas dos argumentos já apresentados no texto.

   E. Levantar hipóteses e dar sugestões para a solução de possíveis problemas apontados no texto.

   - Qual dessas estratégias o autor do texto utiliza? Explique.

   _____

   _____

7. O **título** em um texto de opinião é um elemento muito importante. Releia o título do texto lido e veja outros exemplos.

   (des)educação brasileira
   Disponível em: <www.portaltributario.com.br>. Acesso em: 28 jun. 2017.

   A corrupção no Brasil também é bancada por nós!
   Disponível em: <www.gazetadopovo.com.br>. Acesso em: 28 jun. 2017.

   - Explique os objetivos dos títulos de textos de opinião.

   _____

   _____

8. Uma das características do texto de opinião é a presença de **marcas pessoais**. Releia o trecho.

   > No entanto, acredito que um dos maiores benefícios que a utilização da bicicleta traz diz respeito à saúde, tanto do próprio usuário como dos outros habitantes dos centros urbanos.

   Palavras e expressões como **penso que, acho que, na minha opinião** são comuns em textos opinativos e sinalizam as **marcas pessoais** do texto.

   - Que palavra indica marca pessoal nesse trecho? Que efeito esse uso garante ao texto?

   _____

   _____

9. Leia o texto a seguir.

A bicicleta como meio de transporte urbano na Holanda

A Holanda é um dos países mais povoados do mundo, com mais de 450 pessoas por quilômetro quadrado. Sendo assim, imagine se o sistema de transportes desse país fosse baseado em veículos motorizados ou, principalmente, em automóveis, como é aqui no Brasil! O trânsito seria caótico, sem falar na poluição que isso iria gerar! Por esse motivo, a bicicleta foi o meio de transporte adotado pela Holanda.

O país possui poucos relevos e tem ruas planas. Outro aspecto que contribui é que o holandês não mora mais que 5 ou 6 quilômetros longe de seu trabalho e/ou escola, o que facilita o uso diário da bicicleta como meio de transporte urbano. Além disso, mais de 20 mil quilômetros de ciclovias estão espalhados pelo seu território!

Estacionamento de bicicletas no centro de Amsterdã, em 2016.

O governo possui políticas de incentivo para o uso das bicicletas e também leis de trânsito apropriadas, inclusive com multas para quem desrespeitá-las. Em Amsterdã, capital da Holanda, praticamente metade da população realiza seus deslocamentos de bicicleta; o estacionamento da Estação Central de Amsterdã comporta mais de 8 mil bicicletas! A cidade também proporciona o aluguel de bicicletas para fazer um *tour* e conhecer as mais de 160 canalizações interconectadas por centenas de pontes que formam uma paisagem única!

Agora, faça uma pesquisa e verifique se há políticas públicas de incentivo ao uso de bicicleta no Brasil e, na sequência, crie um texto curto e posicione-se sobre o questionamento a seguir.

> Você acredita que o Brasil possa desenvolver políticas públicas de incentivo ao uso de bicicletas, como foi feito na Holanda?

_____

_____

ESQUEMATIZANDO

TEXTO DE OPINIÃO

OBJETIVO
Opinar sobre um assunto socialmente relevante, de modo a convencer os leitores de seu ponto de vista.

PÚBLICO-ALVO
Público em geral.

CARACTERÍSTICAS
- Título.
- Introdução.
- Ponto de vista e argumentos.
- Conclusão.

O **texto de opinião** é um gênero textual que tem por objetivo apresentar a opinião do autor do texto sobre um assunto socialmente relevante, de modo a convencer os leitores de seu ponto de vista. Para isso, são empregados argumentos.

SUGESTÃO DE SITE

No *site* a seguir você poderá encontrar muitas informações sobre a bicicleta, como sua história, vídeos, artigos, a política e o ativismo, o código de trânsito em relação à bicicleta, dicas de segurança, saúde, materiais educativos e muito mais.

www.escoladebicicleta.com.br

ESCOLA DE BICICLETA. Disponível em: <http://ftd.li/g7fsyy> (acesso em: 18 abr. 2017).

AMPLIANDO A LINGUAGEM

ASPECTOS TIPOLÓGICOS

Como você estudou no início deste volume, no dia a dia, inúmeros gêneros textuais são produzidos, tanto oralmente quanto por escrito. Esses gêneros são agrupados, didaticamente, em cinco principais **aspectos tipológicos**, também conhecidos como **sequências tipológicas** ou **sequências textuais**. Veja.

> Os **tipos textuais** (também conhecidos como tipologias textuais) são definidos por seus traços linguísticos predominantes, ou seja, a partir de um conjunto de características que formam, não propriamente um texto, mas uma **sequência tipológica**.

ARGUMENTAR — EXPOR — NARRAR — DESCREVER AÇÕES — RELATAR

Embora um gênero textual possa apresentar mais de um aspecto tipológico, sempre haverá um predominante, com base no qual os gêneros são agrupados.

ARGUMENTAR

Releia um trecho do texto de opinião das páginas **158** e **159**.

> Por muito tempo, andar de bicicleta foi considerado uma boa opção de lazer para passeios em parques e bosques nos finais de semana, ou para se fazer trilhas através das estradas acidentadas longe das cidades. Já andar de bicicleta para ir ao trabalho ou à escola era algo característico principalmente das cidades pequenas, onde se acreditava que o trânsito era mais calmo e as distâncias podiam ser vencidas com maior facilidade. Atualmente, porém, as bicicletas têm sido utilizadas também nos grandes centros urbanos.
>
> Em meio aos congestionamentos, à poluição e outros problemas decorrentes do crescimento desordenado das cidades, andar de bicicleta aparece cada vez mais como uma alternativa viável de transporte. Nas cidades, a bicicleta é geralmente utilizada para percorrer curtas e médias distâncias, em trajetos como ir e voltar do trabalho, visitar amigos ou fazer compras.

1. Qual é a principal intenção desse texto?

_____

_____

2. Para atingir o objetivo, que recursos o autor utiliza?

_____

_____

> O **texto de opinião** propõe uma reflexão e um posicionamento em relação a assuntos socialmente relevantes. Por isso, nesse gênero, a tipologia textual predominante é o **argumentar**. Há, nessa tipologia, o predomínio de sequências textuais que indicam a discussão de problemas sociais controversos.

EXPOR

3. Leia a seguir um verbete de dicionário.

> **lin.gua.gem** [Provç. *lenguatge.* ▪6] *sf.* **1.** O uso da voz e de outros sons que se articulam formando palavras (as quais podem articular-se em frases maiores), para expressão e comunicação entre pessoas. **2.** A forma de expressão pela linguagem (1), ou pela sua representação escrita, e que é própria de um indivíduo, um grupo, uma classe, etc. **3.** Vocabulário; palavreado. [Pl.: -gens.] ◆ **Linguagem de programação.** *Inform.* Conjunto de instruções e regras de composição e encadeamento, por meio do qual se representam ações executáveis por um computador.

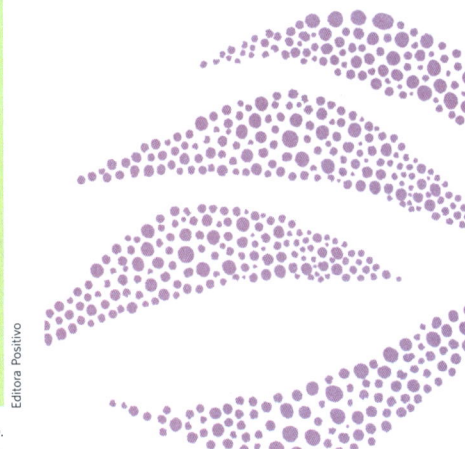

HOLANDA, Aurélio Buarque de. **Míni Dicionário Aurélio**. 8. ed. Curitiba: Editora Positivo, 2010. p. 468.

A. Com que intenção as pessoas consultam um dicionário?

_____

_____

B. Que informações o leitor pode encontrar nesse verbete de dicionário?

_____

_____

_____

C. Em um verbete podem aparecer diferentes significados (acepções) de uma mesma palavra. De que forma é definido qual dos significados é o mais adequado para determinada situação?

_____

_____

_____

_____

> O **verbete de dicionário** é um gênero textual que expõe ao leitor informações sobre uma determinada palavra, de modo a ampliar os conhecimentos que ele possui. Dessa forma, são recorrentes o uso de definições, enumerações e citações.
>
> Em textos cujo objetivo é expor o assunto sem opinar sobre ele, a tipologia textual predominante é o **expor**. Nessa tipologia, predominam, ainda, as sequências textuais explicitamente explicativas.

NARRAR

4. Leia agora o trecho de um miniconto.

Dom Quixote

[...]

Lívio tinha quatro anos e não sabia ainda ler.

— Se pelo menos eu tivesse uns brinquedos legais...

Foi até a cozinha. Abriu o armário embaixo da pia. Do meio das panelas, apareceu um homenzinho.

— Lívio... Vamos brincar?

Lívio disse que sim.

O homenzinho deu para Lívio uma tampa de panela.

— Segure isso. É um escudo.

Foi buscar numa gaveta uma colher de pau.

— Tome a sua espada, meu rapaz.

Uma panela pequena serviu direitinho na cabeça de Lívio.

— Pronto. Esse será o seu elmo.

— Elmo?

— É. Uma espécie de capacete. Coragem! Pronto para a batalha?

Faltava o cavalo. Uma vassoura na área de serviço deu conta do recado. Lívio levou a maior bronca quando quis acertar o ventilador com a colher de pau.

— Estava brincando que era um gigante, mamãe... foi o homenzinho quem disse.

Mas àquela altura o homenzinho já tinha se escondido no meio de uns livros na estante da sala...

O nome do homenzinho, você sabe, era Dom Quixote.

COELHO, Marcelo. Dom Quixote. **Folha de S.Paulo**. São Paulo, 12 fev. 2005. Folhinha. p. 8. Folhapress.

A. Nesse texto, as emoções de Lívio com Dom Quixote são divididas com o leitor. Qual acontecimento do texto mais lhe chamou a atenção?

B. Essa história é construída de modo a criar um clima de fantasia, sonho. Que elementos no texto ajudam a construir esse clima?

C. Identifique no texto alguns elementos que ajudam na construção da narrativa.

NARRADOR	
PERSONAGENS	
ESPAÇO	
TEMPO	
ENREDO	

> O **miniconto** lido é um texto ficcional por meio do qual a história é contada apresentando os elementos da narrativa. Assim, a tipologia textual predominante é o **narrar**. Essa tipologia pressupõe uma sequência de acontecimentos, localizados no tempo da narrativa, e entre os quais ocorre uma relação de causa e consequência. O narrar está relacionado à cultura literária ficcional. De forma geral, os textos narrativos apresentam os seguintes elementos:
>
> **NARRADOR PERSONAGEM TEMPO ESPAÇO ENREDO**

DESCREVER AÇÕES

5. Leia a seguir uma receita culinária.

Cocada de Coco-verde

Ingredientes

2 xícaras (chá) de água de coco fresco
1 quilo de açúcar cristal
Coco ralado de dois cocos-verdes
Cravo-da-índia

Modo de fazer

Numa panela de fundo grosso, coloque a água de coco, o açúcar, os cravos e mexa um pouco. Leve ao fogo e deixe ferver. Adicione o coco ralado e cozinhe em fogo alto por aproximadamente 20 minutos, mexendo de vez em quando. O ponto será atingido quando a mistura ficar cremosa.

BRASIL. Ministério da Saúde. Secretaria de Políticas de Saúde. Coordenação-Geral da Política de Alimentação e Nutrição. **Alimentos regionais brasileiros**. Brasília: Ministério da Saúde, 2002.

A. Qual é o objetivo de uma receita culinária?

B. Qual é o objetivo de cada parte dessa receita?

C. Em qual parte da receita há predominância de formas verbais que orientam as ações do leitor na preparação do prato? Exemplifique.

> A **receita culinária** é um gênero textual organizado em itens com instruções, dicas e orientações específicas. Por isso, utilizam-se comumente verbos no imperativo, que indicam ordem, pedido, conselho. Assim, em textos cujo objetivo é descrever ações, instruindo o leitor sobre a realização de algo, a tipologia predominante é o **descrever ações**.

RELATAR

6. Leia um trecho sobre um dia na vida do astronauta Marcos Pontes.

> Viver em órbita. Sem gravidade. Coisas interessantes. Coisas bonitas. Coisas estranhas. O corpo também acha. É necessário adaptação. O nosso organismo, desenvolvido por milhares de anos no ambiente da superfície do planeta e submetido à gravidade terrestre, reclama. Enjoos são sintomas comuns durante a fase inicial, mas não são os únicos.
>
> Desorientação espacial é também muito frequente nos primeiros dias. Esses dois sintomas são ligados diretamente aos efeitos do ambiente novo sobre o nosso sistema vestibular. O cérebro passa a ter informações confusas entre os sensores, isto é, os olhos dizem uma coisa, enquanto o sistema vestibular diz outra. Resultado? Grande chance de ver o alimento pela segunda vez.
>
> A circulação sanguínea também sofre impactos do ambiente. Nosso sistema circulatório naturalmente compensa os efeitos da aceleração vertical constante da gravidade sobre o movimento do nosso sangue pelo corpo. E no espaço? Aí não tem mais a gravidade. Mas o corpo ainda "não sabe" disso nos primeiros dias. Assim, continua a pensar que é mais difícil levar o sangue à cabeça do que aos pés. Provavelmente, durante a primeira transmissão de TV, ao vivo, diretamente da EEI/ISS, você vai pensar que eu engordei uns 20 quilos. Rosto inchado e vermelho. Características normais, além das dores de cabeça, desse estágio de adaptação do corpo para controlar a distribuição do sangue sem gravidade.
>
> Também vou crescer cerca de uma polegada durante o tempo em órbita. Ocorre uma distensão da coluna vertebral devido à falta da força vertical causada pela gravidade. Cuidado é necessário. Ajustar o comprimento do macacão para o regresso também. Depois do pouso voltamos ao normal, espero.
>
> [...]

PONTES, Marcos. Sem gravidade. Disponível em: <www.marcospontes.com/MANUTENCAO/ARTIGOS/ARTIGOS_2006/20060402%20sem%20gravidade.htm>. Acesso em: 20 jul. 2017.

A. Marcos Pontes relata aspectos sobre a vida no espaço e as reações no corpo. São reações positivas ou negativas?

_____

B. Segundo Marcos Pontes, estar em órbita causa quais reações no corpo humano? Por que elas ocorrem?

_____

_____

_____

> O **relato de viagem** de Marcos Pontes foi apresentado a fim de divulgar como é o cotidiano em uma nave espacial em órbita e como foi a "Missão Centenário". Textos como esse têm por objetivo produzir uma memória escrita a respeito de uma situação vivenciada, de modo que ela seja compartilhada com os leitores. Por esse motivo, a tipologia predominante nesse gênero é o **relatar**.

Com os textos lidos, pudemos conhecer um pouco sobre aspectos tipológicos comuns aos gêneros textuais presentes no dia a dia. Observe a tabela a seguir que mostra alguns gêneros textuais agrupados de acordo com a tipologia.

ASPECTOS TIPOLÓGICOS	GÊNEROS ORAIS E ESCRITOS
ARGUMENTAR	Texto de opinião Diálogo argumentativo Carta do leitor Carta de reclamação Debate regrado Discurso de defesa Discurso de acusação
EXPOR	Seminário Artigo ou verbete de enciclopédia Entrevista de especialista Tomada de notas Resumo de textos "expositivos" ou explicativos Relatório científico Relato de experiência científica
NARRAR	Romance Conto Crônica Fábula Lenda Novela
DESCREVER AÇÕES	Instruções de montagem Receita Regulamento Regras de jogo Instruções de uso
RELATAR	Relato de viagem Relato pessoal Testemunho Notícia Reportagem Biografia

Fonte de pesquisa: SCHNEUWLY, Bernard; DOLZ, Joaquim e outros. **Gêneros orais e escritos na escola**. Campinas: Mercado de Letras, 2004.

PRODUÇÃO ESCRITA

TEXTO DE OPINIÃO

Nas páginas 158 e 159, você leu um texto de opinião em que o autor defende, como uma alternativa viável, o uso de bicicletas como meio de transporte nas cidades. Leia o trecho da reportagem a seguir, que trata sobre os desafios do uso de bicicleta no Brasil.

O desafio da bicicleta no Brasil

Isenção de impostos aumentaria venda de bicicletas em até 3,5 milhões por ano e estimularia seu uso como meio de transporte. Mas até que ponto nossas cidades estão preparadas para receber mais *bikes* e levar a sério o ciclismo urbano?

Em 18 de março, ativistas da rede Bicicletas para Todos entraram no Senado carregando 70 mil assinaturas que pedem isenção de impostos para as *bikes*, ideia que esperam ver aprovada até o final de junho. A campanha, que mobiliza mais de 200 grupos, acendeu um debate político no qual o ciclismo tem sido — algumas vezes, literalmente — atropelado pelos automóveis.

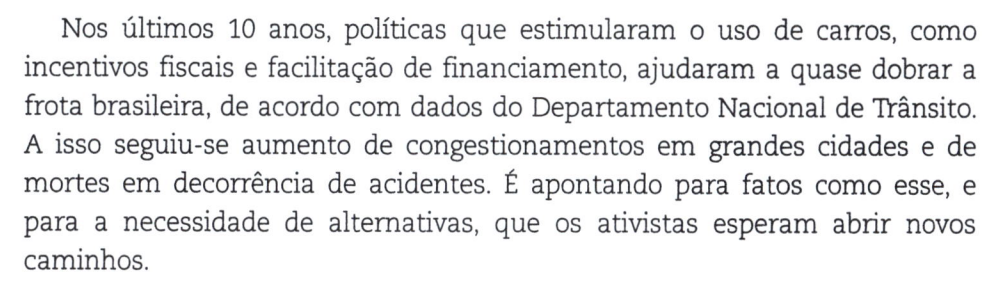

Nos últimos 10 anos, políticas que estimularam o uso de carros, como incentivos fiscais e facilitação de financiamento, ajudaram a quase dobrar a frota brasileira, de acordo com dados do Departamento Nacional de Trânsito. A isso seguiu-se aumento de congestionamentos em grandes cidades e de mortes em decorrência de acidentes. É apontando para fatos como esse, e para a necessidade de alternativas, que os ativistas esperam abrir novos caminhos.

[...]

AMPUDIA, Ricardo. O desafio da bicicleta no Brasil. **Revista Galileu**. 27 jun. 2014. Disponível em: <http://revistagalileu.globo.com/Revista/noticia/2014/06/o-desafio-da-bicicleta-no-brasil.html>. Acesso em: 22 maio 2017.

- Agora, baseando-se na discussão proposta no texto acima, é sua vez de produzir um texto de opinião e se posicionar sobre o questionamento no balão ao lado.

Antes de produzir seu texto, é importante considerar o contexto de produção, para que ele alcance o objetivo a que se propõe. Observe-o.

A BICICLETA É UM MEIO DE TRANSPORTE VIÁVEL EM GRANDES CIDADES?

O que vou produzir?
Texto de opinião me posicionando sobre o fato de a bicicleta ser ou não um transporte viável nas grandes cidades.

Para quem?
Gestores, alunos da escola, familiares, amigos, entre outros convidados.

Onde será publicado?
Mural da escola.

PESQUISANDO

Antes de produzir seu texto de opinião, é importante pesquisar sobre o assunto a ser discutido. Essas pesquisas podem ser feitas em livros, jornais, revistas ou em *sites* da internet. Veja a seguir algumas possibilidades de pesquisas.

- Artigos do Código de Trânsito Brasileiro que se relacionam ao uso da bicicleta. É importante também procurar saber quais são os problemas que os ciclistas locais enfrentam no dia a dia.
- Países que adotam o transporte sustentável como veículo urbano e quais foram os desafios enfrentados por eles.
- A respeito dos benefícios que a bicicleta pode trazer ao meio ambiente, à saúde do ciclista, à economia e à sociedade como um todo.
- Imagens que possam ilustrar seu texto de opinião.

Após as pesquisas, selecione as informações que poderão ser utilizadas para produzir seu texto. Discuta sobre essas informações em sala de aula com os colegas, de modo a trocar ideias.

DEFININDO O PONTO DE VISTA E OS ARGUMENTOS

A. Nesse momento, após todas as pesquisas e as discussões com os colegas e o professor, defina seu ponto de vista. Lembre-se de que é em torno dele que todo o texto deverá ser construído.

B. Definido o ponto de vista, é hora de elencar os argumentos a serem utilizados para defendê-lo. Para isso, é fundamental determinar a ordem em que serão apresentados no texto.

C. Escolha palavras e expressões que indiquem marcas de pessoa em seu texto. Veja algumas sugestões: eu acho, eu acredito, eu penso, na minha opinião.

PRODUZINDO O TEXTO DE OPINIÃO

Agora, é hora de produzir seu texto de opinião. Para isso, siga as orientações a seguir.

A. Inicie seu texto apresentando a questão que será discutida e seu ponto de vista.

B. Na sequência, desenvolva seu texto organizando os argumentos. Verifique se são coerentes com o ponto de vista, evitando, ainda, repetir informações.

C. Empregue palavras e expressões que liguem as partes do texto e estabeleçam entre elas uma relação de sentido.

D. Na conclusão, é importante reforçar o posicionamento sobre o tema, procurando ser coerente com todos os argumentos já apresentados.

E. Empregue o registro formal ao desenvolver o texto de opinião.

F. Por fim, crie um título coerente com o desenvolvimento dos argumentos e o ponto de vista apresentado.

> Se necessário, para produzir seu texto de opinião, reveja as características desse gênero. Para isso, volte às questões que o exploram e à seção **Esquematizando**.

AVALIANDO O TEXTO DE OPINIÃO

Depois de pronto, avalie seu texto com base nas questões a seguir.

	👍	👎
Ficou claro no texto qual é a questão sobre a qual se escreve?		
A pesquisa sobre o tema foi feita em fontes confiáveis?		
A sua posição sobre o tema foi apresentada no início do texto?		
O texto foi organizado em introdução, desenvolvimento (argumentos) e conclusão?		
Os argumentos apresentados foram convincentes e coerentes com o ponto de vista?		
Houve sustentação de uma posição?		
Foram empregadas palavras e expressões para conectar as partes do texto, estabelecendo entre elas relações de sentido?		
Foram empregados os verbos e os tempos verbais de forma adequada?		
O título criado foi coerente?		

Anote a seguir os itens que você precisa melhorar no seu texto.

LISTA DE ADEQUAÇÕES

1. _____

2. _____

3. _____

4. _____

5. _____

Agora, levando em consideração os aspectos elencados acima, escreva a versão definitiva de seu texto e insira a imagem pesquisada.

MONTANDO UM MURAL

Finalizada a produção dos textos, sob a orientação do professor, você e seus colegas irão produzir um mural para expor os textos de vocês.

A. Combinem uma data e convidem colegas e familiares para conhecer o mural e participar de uma roda de conversa.

B. Os textos devem ter as seguintes informações: nome do aluno e ano em que estuda.

C. Um grupo ficará responsável pelo título do mural, criando-o de modo que ele desperte o interesse das pessoas em ler as produções. Outro grupo deverá decorar o mural, escolhendo uma imagem central relacionada ao tema e criando uma legenda. Outro grupo ficará responsável por fixar os textos no mural.

D. Ao final, façam uma roda de conversa e avaliem os itens:

- Quais foram as dificuldades para esta produção?
- De que forma essas dificuldades poderiam ter sido amenizadas?
- Faltou leitura sobre o assunto para desenvolver os argumentos?
- As pessoas se interessaram pelos textos de opinião de vocês?
- As produções levaram os leitores a refletir sobre o assunto proposto?